In allen Häusern brennen Lichter

In allen Häusern brennen Lichter

Geschichten und Gedichte zur Weihnacht

aus dem
Paderborner und
Corveyer Land –

erzählt von
Autorinnen und
Autoren
unserer Heimat –

ausgewählt von
Hermann Multhaupt

VERLAG HUXARIA

Der Text auf der Rückseite des Buches und der Titel
sind entnommen der Erzählung »Weihnachten« von Adalbert Stifter (1805-1868)

Zu den Abbildungen

Verlag und Redaktion danken dem
Bonifatiuswerk der deutschen Katholiken in Paderborn
für die freundliche Druckerlaubnis
der Illustrationen auf der 1. und 3. Umschlagseite
sowie auf den Seiten 2-3, 10, 49, 52, 62, 70, 77, 80, 91, 94,
116, 118, 123, 129, 130, 133, 137, 147 und 163.
Sie wurden gezeichnet von Horst Kühnel, Fritz Stein und Heribert Reul.

Hermann Multhaupt (Farbild);
Paula Eckel (S. 24);
Fritz Schäfer (S. 25);
G. Adams (S. 58 u. 59);
Hermann Wesseling (S. 99);
Franz Kulinna (S. 114 u. 168);
Ruth Gramann (Hardehausen, Blick in den Doppelten Kreuzgang, S. 145);
Anton Robrecht (S. 150);
Alexander von Köckritz (Amelunxen, die Nethebrücke am Gut, S. 159);
Archiv.

Impressum

ISBN-Nr. 3-934802-02-8

Redaktion:
Hermann Multhaupt

Gestaltung und Gesamtherstellung:
Huxaria Druckerei GmbH, Verlag und Werbeagentur, Höxter

Inhalt

WEIHNACHTEN

NEUJAHR · Hl. Drei Könige

Weihnachtliches MOSAIK

Unterwegs...
wie die Hirten damals,
mit einem Korb
voller Geschenke,
mit Geschichten
und Gedichten...

Hirtenknabe
aus der Weihnachtskrippe
in der Pfarrkirche
zu Tietelsen

In jenen Tagen erließ Kaiser Augustus den Befehl,
alle Bewohner des Reiches in Steuerlisten einzutragen.
Diese Eintragung war die erste und geschah,
als Quirinius Stadthalter von Syrien war.
Da begab sich jeder in seine Stadt, um sich
eintragen zu lassen.

So ging auch Josef von der Stadt Nazareth in Galiläa
hinauf nach Judäa in die Stadt Davids, die Betlehem heißt,
weil er aus dem Haus und dem Geschlecht Davids war,
um sich mit Maria, seiner Vermählten,
die ein Kind erwartete, eintragen zu lassen.
Als sie dort waren, kam für sie die Zeit der Niederkunft,
und sie gebar ihren Sohn, den Erstgeborenen,
wickelte ihn in Windeln und legte ihn in eine Krippe,
weil in der Herberge kein Platz für sie war.

LK 2,1-7

Einleitung

Wohl keine Jahreszeit ist im Bewusstsein der Menschen so tief verankert wie die Advents- und Weihnachtszeit. Es sind die dunklen, die lichtarmen Wochen in der Natur, die Menschen in besonderer Weise befähigen, den Blick nach innen zu richten, die Kräfte des Gemüts wahrzunehmen, auf die Stimme der Seele zu hören. Alte Lieder stehen wieder auf, die von der Sehnsucht nach Erlösung singen, Geschichten werden wach, die die adventliche und weihnachtliche Botschaft in besonderer Weise beleben. Der Nikolaus, das Christkind, die Heiligen Drei Könige sind Gestalten, die am Beginn des Kirchenjahres stehen, um die sich viele Erzählungen und Verse ranken. Doch darüber hinaus gibt es eine umfassende, auch märchenhafte Literatur, die die Stimmung der Weihnachtszeit in Geschichten und Gedichten einfängt.

Der vorliegende Band lässt Autorinnen und Autoren unseres Raumes mit unterschiedlichen Arbeiten zu Wort kommen.

Das alte Hochstift war ein geschichtlich homogener Raum mit eigenen Traditionen und Überlieferungen. Die Landschaft zwischen Weser und Pader hat zu vielfältigem Brauchtum und facettenreicher Dichtung inspiriert. Doch zahlreiche Bräuche sind in Vergessenheit geraten. Einige werden hier dokumentiert. Manche Berichte zeigen deutlich den kommunalen Bezug, entstammen einem überschaubaren heimischen Bereich. Andere sind ortsübergreifend, weisen Parallelen zu anderen Regionen auf.

Verlag und Redaktion hoffen, dass das vorliegende Werk eine Ergänzung und Bereicherung der heimischen Literatur darstellt und für viele Anlässe genutzt werden kann.

Hermann Multhaupt

Advent · Hl. Nikolaus

BERNHARD MICHELS

Der lange Weg bis Weihnachten

Backsaison zu Mariä Empfängnis

Ist der Nikolaustag erst einmal „geschafft", dauert die adventliche Fastenzeit bzw. Wartezeit bis zum 24. Dezember noch 18 Tage. Die meisten von uns sind zwar bis kurz vor Heilig Abend durch Kindergarten, Schule, Haushalt und Arbeitsplatz abgelenkt und beschäftigt, aber es liegt einfach etwas Besonderes in der Luft. Fast überall wird man immer wieder an Weihnachten erinnert, z.B. durch Menschen mit Paketen und Einkaufstaschen an immer länger werdenden Armen, durch die besonders festlich geschmückten Städte oder Gemeindeplätze, die vielen brennenden Tannenbäume und Lichterketten...

Ein Tag wie Mariä Empfängnis am 8. Dezember kommt da einem gerade recht. Mariä Empfängnis oder der Frauentag ist das Hochfest der ohne Erbsünde empfangenen Jungfrau und Gottesmutter Maria. Das Fest wird seit dem 8. Jahrhundert in der Ostkirche und seit 1708 in der ganzen Kirche gefeiert. Der heutige Tag wird gerne zum Anlass genommen, die Weihnachtsbacksaison erneut einzuläuten. Was macht Vater? - Klar, kennen wir schon, jetzt kommt aber der Abschnitt für Fortgeschrittene. Früchtebrot, Kokosmakronen, Vanillekipferl, usw. Will man alte Bräuche nicht aufgeben, so hat man mit der Weihnachtsbäckerei noch bis zum 12. Dezember Zeit, denn danach soll bis Weihnachten nichts mehr gebacken werden. Aber wer sollte sich heute daran noch halten?

In diesem Jahr versuchen wir wieder einen schönen alten Brauch zu Mariä Empfängnis ins Leben zu rufen. Am heutigen Abend stellen wir eine Kerze oder ein Teelicht ins Fenster und lassen sie die Nacht hindurch ausbrennen. Morgen früh wird unser Haus dann mit Blumen, Girlanden und Fähnchen geschmückt. Die Frauen hatten früher zum Gedenken an Mariä Empfängnis an diesem Tag arbeitsfrei. Warum ist dieser Brauch nur in Vergessenheit geraten? Wir wollen ihn wieder aufleben lassen.

Achten Sie mal in der vorweihnachtlichen Zeit am Abend auf eine schöne Abendröte. Wir können dann nicht nur auf einen schönen Tag hoffen, sondern auch auf glänzende Kinderaugen, wenn wir den Kleinen sagen können, dass die Engelchen den Ofen anmachen, um für Weihnachten die Plätzchen zu backen.

Die Wartezeit während der Adventswochen

In der Adventszeit werden in den Gärten und auf öffentlichen Plätzen die Tannenbäume mit elektrischen Kerzen versehen. Fällt dann noch Schnee, haben wir eine schöne weihnachtliche Stimmung. Jetzt ist auch die Zeit der Christkindlmärkte. Es ist kaum ein Jahr vergangen, an dem wir nicht auf dem Paderborner Weihnachtsmarkt waren. Besser kann man nicht auf Weihnachten eingestimmt werden. Hier wird in uns das Weihnachtsgefühl erneut entfacht, das durch die frühe Kommerzialisierung des Christfestes in den Hintergrund getreten war.

Der bekannteste Weihnachtsmarkt ist wohl der Christkindlmarkt in Nürnberg. In Frankfurt z. B. existiert der Christkindchesmarkt immerhin seit dem 17. Jahrhundert. Irgendwann werden wir ihn auch mal besuchen.

Zwei Wochen vor Weihnachten existiert ein schöner Brauch des Kerzenanzündens, genannt Chanukka. Das ist ein jüdisches Fest, welches sich über acht Tage erstreckt und bei uns schon nicht mehr bekannt ist. Manch Älterer wird sich erinnern, dass an jedem Tag an einem achtarmigen Chanukkaleuchter eine neue Kerze entzündet wurde. Die jüdischen Kinder erwarten das Fest schon lange vorher, denn sie werden dann mit Geschenken und Süßigkeiten beschenkt. Das typische Gebäck ist der einem »Berliner« ähnelnde Chanukka-Krapfen.

In Anlehnung an dieses Fest ist es bei uns Sitte geworden, mit den Kindern das „Kerzentropfen" durchzuführen. Das ist immer eine Riesengaudi. Aus alten Kerzenresten des Vorjahres lassen wir das Wachs in wassergefüllte Joghurtbecher oder andere Einmalbehälter hinein tropfen. Es entstehen die schönsten Formen.

13. Dezember, der Luziatag – Arbeit für die Älteste

Bevor der Gregorianische Kalender 1582 eingeführt wurde, war der Luziatag der kürzeste Tag im Jahr, am 22. oder 23. Dezember. St. Luzen tut den Tag stutzen (verkürzen). Die sizilianische heilige Luzia, genannt die Leuchtende, verschenkte alle Reichtümer an die Armen, weswegen sie zum Tode durch das Feuer verurteilt wurde. Sie überstand die Hinrichtung aber ohne Schaden und starb dann durch das Schwert. Hiervon leiten sich die Luziabräuche ab. Besonders in Skandinavien wird das schönste Mädchen zur »Luziabraut« gewählt und regiert in einem weißen Kleid, mit einer brennenden Kerze auf dem Kopf, als Königin. Hierzulande ist es die älteste Tochter, die am Morgen die anderen weckt und ihnen das Frühstück serviert.

Mancherorts setzt man am Abend kleine brennende Kerzen auf ein Schiffchen und lässt es einen Fluß oder Bach hinunter schwimmen. Dies ist Brauch seit dem

18. Jahrhundert. Im Mittelalter, vor 1500, wurden an diesem Tag die Kinder beschenkt. Nach 1500 geschah das Beschenken der Kinder erst am Weihnachtstag.

In Tirol glaubte man, dass in dieser Nacht die Geister der Vorfahren ihr Spiel trieben. In Meran schnitt man früher am Luzientag Kirschzweige ab, um sie wie Barbarazweige bis Weihnachten erblühen zu lassen.

Heute ist der Luziatag ein willkommener Beginn der Weihnachtsdekoration. Lucienweizen als auch Lucialinsen können in flache und immer feucht gehaltene Tonschalen gesät werden. Warm aufgestellt, wird die Saat bis zum Heiligen Abend aufgegangen sein und kann dann in die Krippenlandschaft als Zeichen der wieder keimenden Natur mit einbezogen werden. Auch Weihnachtssträuße können jetzt gut zusammengestellt werden, um sie während der Adventszeit zur Freude anderer Menschen zu verschenken.

Wir kommen dem Fest immer näher

Unverzichtbare Bestandteile des Weihnachtsfestes sind die Krippe und der Weihnachtsbaum. Hat man noch keine Krippe, so wird es Zeit, sich eine zu basteln oder zu kaufen. Gekauft wird jetzt auch der Tannenbaum. Es kommt aber auch immer mehr in Mode, den Christbaum selbst zu schlagen, mit Genehmigung und unter Aufsicht natürlich. Am besten macht man dies zusammen mit der gesamten Familie oder im Freundes- und Nachbarschaftskreis, verbunden mit heißem Kakao für die Kinder und Glühwein für die Erwachsenen. Übrigens, Tannen behalten besonders lange ihre Nadeln, wenn sie drei Tage vor dem 11. Vollmond des Jahres (meist schon im November) geschlagen werden. Früher erhielten diese Christbäume vom Förster den »Mondstempel«. Vielerorts beginnt heute um 15 Uhr das Christkindl-Einläuten.

Jetzt wir es Zeit, durch Weihnachtskarten an unsere Freunde und Bekannten zu denken. Zu Weihnachten Grüße zu verschicken, ist eine noch recht junge Tradition. Die erste Weihnachtskarte soll 1841 von einem schottischen Buchhändler zwecks Schaufensterdekoration ausgestellt worden sein. Erst zwei Jahre später wurden nachweislich die ersten Exemplare per Post versandt. Damals kosteten die Karten übrigens rund einen Schilling, eine Summe, für die immerhin ein leckeres Weihnachtsessen erhältlich gewesen wäre.

Während wir Weihnachtsgrüße schreiben, wird es für unsere Kinder höchste Zeit, die Wunschzettel fertig zu stellen. Holen die Engelchen oder das Christkind in der Nacht den Wunschzettel von der Fensterbank, so hinterlassen sie oft kleine silberne Sternchen.

Ein schöner Brauch zum Tag des Lazarus, am 17. Dezember, ist es, vorweihnachtliche Besuche zu unternehmen.

Der Thomastag

Außer in Schaltjahren ist am 21. Dezember Winteranfang. Dann haben wir den kürzesten Tag und die längste Nacht, die Wintersonnenwende. Besonders an diesem Tag hat sich allerlei Brauchtum entwickelt. In heidnischer Zeit wurden z. B. den Göttern und Geistern Schüsseln mit Früchten geopfert, um sie gnädig zu stimmen. Das Christentum hat diesen Brauch übernommen. Man stellt auch heute noch in der Adventszeit Schüsseln mit Apfelsinen, Äpfeln und Nüssen zu Hause auf.

Am Thomastag (21.12.), benannt nach dem Apostel, der am längsten zweifelte (»der ungläubige Thomas«), soll das, was man träumt, in Erfüllung gehen, wenn man sich in der Thomasnacht verkehrt herum ins Bett legt. Andere Volksbräuche sind das Bleigießen und weitere Spiele, mit deren Hilfe man in die Zukunft schauen kann. Früher aß und trank man reichlich und gut. Heute ist es im Hochstift Brauch, dass das Familienmitglied, welches am heutigen Morgen am längsten schläft, als „Thomasesel oder Thomas-Faulpelz" benannt wird.

Um den Werdegang des Winters zu erfahren, haben unsere naturverbundenen Vorfahren eine Zwiebel durchgeschnitten. Aus der Stärke der Zwiebelringe lasen sie die kommende Winterwitterung heraus, ein Brauch, den ich mit meinen Kindern wieder aufleben lasse.

Die Erlösung, der Heilige Abend

Der Tag ist da, auf den wir alle hingearbeitet haben. Die Spannung ist bei den Kindern auf dem Höhepunkt. Vor lauter Aufregung stehen sie schon früh auf, genau zu der Zeit, in der man sich noch einmal gerne im Bett herumdrehen möchte. Wir nutzen die Zeit, um die Kinder zu uns ins Bett zu holen, um zu kuscheln, Liebe aufzutanken und um Geschichten zu erzählen. Die Erinnerungen unserer Kindheit gehen in die Ohren unserer Kinder über und wecken immer mehr ihr Interesse, aber auch ihre Erwartungsunruhe.

In alter Zeit hieß der Tag der Geburt Christi »Sieg Christi über die Dunkelheit«. Der genaue Geburtstag des Herrn ist nicht bekannt und wurde früher als Fest der Erscheinung am 6. Januar gefeiert. Im südeuropäischen und östlichen Raum ist das heute noch so.

Das Herzstück des Winters, die heutige Weihnachtsbescherung, ruht auf Martin Luther, dem geistigen Vater dieses Brauches. Der Brauch ist schon fast 500 Jahre alt. Luthers Absicht, dass das Fest der Geburt Christi zum Höhepunkt des Winters wird, ist ihm damit gelungen. Wie das Weihnachtsfest in den Familien gefeiert wird, braucht hier nicht näher erläutert zu werden. Die wichtigsten Bestandteile des Brauchtums sind: der geschmückte Tannenbaum, die Weihnachtspyramide, die

Krippe, die Bescherung am Abend, anschließend die Christmette, das Knusperhaus, Weihnachtssterne und Kerzenständer.

Der Brauch, sich zu Weihnachten zu beschenken, lässt sich auf mehreren Wegen zurückverfolgen. Die Geschenke mögen ursprünglich ein Symbol für die Gaben der Weisen aus dem Morgenland gewesen sein. Zu Zeiten Cäsars wurden die Beamten zu Beginn eines jeden Jahres von der Bevölkerung beschenkt. Auch die Sklaven erhielten Gaben von ihren Herren. Und zum Fest der Wintersonnenwende wurde in vorchristlicher Zeit den Göttern geopfert, damit sie das Haus vor bösen Geistern schützten und für die Fruchtbarkeit der Felder sorgten.

Ein interessanter Aberglaube war das Stallhorchen. Man glaubte, dass sich die Tiere um Mitternacht über den Hof und seine Bewohner in für den Menschen verständiger Weise unterhielten. Man versuchte, durch Lauschen den Tieren ihre Meinungen abzuringen.

So viel Brauchtum es auch geben mag, das Wichtigste in der Weihnachtszeit ist, Zeit für einander zu haben.

Das Weihnachtsfest, also das Hochfest der Geburt des Herrn, feiert die Christenheit seit dem 4. Jahrhundert. Es löste das altrömische Fest des Sonnengottes zur Wintersonnenwende ab. Umfangreiches Hochstiftsbrauchtum hat sich erhalten: Das Krippenspiel, das Vorlesen des Weihnachtsevangeliums, gemeinsames Singen von Weihnachtsliedern, Musizieren, festliches Essen, Verwandte und Freunde werden eingeladen, Kinder besuchen ihre Paten und bekommen Weihnachtsgeschenke, Großeltern erzählen über Weihnachten aus vergangenen Tagen, manche bieten Obdachlosen oder Heimkindern über die Weihnachtszeit ein vorübergehendes Zuhause, Adveniatkollekte ...

Der Stephanustag

Schon seit dem 5. Jahrhundert feiert man den Erzmärtyrer Stephanus. An seinem Tag trank man früher Stephanusminne, wobei ein Stein in den Kelch gelegt wurde, der gegen Steinkrankheiten helfen sollte. Stephanus wurde gesteinigt. Das Essen von Dominosteinen soll heute daran erinnern.

Perchtesumzüge waren damals vielerorts bekannt, d.h. wild und rauh verkleidete junge Männer zogen lärmend durch die Straßen. Man glaubte auch, dass alle Träume während dieser Zeit in Erfüllung gehen. Um Dämonen zu vertreiben, räucherte man die Häuser und Ställe mit Weihrauch aus. (Ein positiver Nebeneffekt war, dass allerlei Ungeziefer dabei dezimiert wurde.) Die Bäuerinnen buken während dieser Zeit kein Brot, spannen und wuschen nicht.

Die Zeit der Rauhnächte

Die zwölf heiligen Nächte, oder Zwölften, Rauhnächte, Zwischennächte, Unternächte oder Rauchnächte in der Zeit zwischen dem 25.12. und 6.1. sind noch so manch älteren „Hochstiftlern" bekannt.

Früher war viel Zukunftsaberglaube damit verbunden. Es war jetzt die »Wilde Jagd« unterwegs, oder Frau Holle und Frau Bertha (Perchta) zogen durch die Lüfte. Einst waren die Rauhnächte wichtige Wetterlostage. Wie das Wetter sich z. B. am fünften Lostag gestaltete, so sollte sich auch der fünfte Monat, also der Mai, verhalten. Meteorologisch kann dies heute jedoch nicht mehr bestätigt werden.

An den kommenden zwölf Tagen achtete man früher genau auf den Sonnenschein. Jeder der zwölf Tage hatte eine andere Bedeutung.

Lostag	Bedeutung des Sonnenscheins
1	Glückliches Jahr
2	Teuerung
3	Uneinigkeit
4	Fieberträume
5	Reichlich Obst
6	Früchteüberfluß
7	Gute Viehweide und Teuerung
8	Viele Fische und Vögel
9	Gute Kaufmannsgeschäfte
10	Schwere Unwetter, Gewitter
11	Dichte Nebel
12	Streitigkeiten, Mißgunst und Unruhe

HEINZ MÖNKEMEYER

Ein Wintermärchen

Wenn die Winterwolken prangen,
fühl ich heimlich mich berührt,
fühl ich mich mit frischen Wangen
weit ins Kinderland entführt.

Und ich seh die Engel wieder,
die die roten Flammen schüren,
Engel, die im Auf und Nieder
ihren bunten Reigen führen.

Engel, die den Kuchen backen –
weißt du, leckren Weihnachtskuchen! –,
die den Schlitten hoch bepacken,
bald die Erde zu besuchen.

Manchmal sitzt – man kann es sehen –
Ruprecht schon auf seinem Schimmel
– so, wie grad die Wolken stehen
an dem klaren Winterhimmel.

Eisenbahnen, Puppenwagen –,
alles spiegelt sich in Bildern.
Ach, was soll ich dir noch sagen?
Könnte hundert Dinge schildern:

Dort Schneewittchen bei den Zwergen,
ein verwunschnes Schloss im Eise,
Burgen, mächtig, auf den Bergen,
Hans im Glück auf seiner Reise.

Hinter blauer Hügelkette
– fern – entschwinden Ross und Reiter.
Über Dörfer, über Städte
ziehn die Wolkenbilder weiter.

Neue Wolken leuchten, dunkeln,
nehmen wieder mich gefangen.
Über allen sind mit Funkeln
Sterne golden aufgegangen.

Äolsharfen, wundervolle,
tönen leis zur Erde nieder.
Plötzlich schüttelt auch Frau Holle
ihre weißen Betten wieder ...

Wenn die Winterwolken prangen,
fühl ich heimlich mich berührt,
fühl ich mich mit frischen Wangen
weit ins Kinderland entführt!

Angelika Porsch

Gedanken zum Advent

Morgen ist der erste Advent!
Wie jedes Jahr
ein Lichtlein erstrahlt –
und doch
ist etwas anders.

Ihr seid beide nicht da!
Eure Zimmer sind leer.
Ich schau in die Kerzen,
mein Herz ist mir schwer.
Es fehlt der Gesang
im Dämmerschein:
Ja, ihr seid halt nicht mehr klein

Der Wunschzettel
liegt nicht auf der
Fensterbank,
es hängt kein Adventskalender
mehr an der Wand!
Niemand öffnet eine Tür ...
Lang ist es schon her!

Vielleicht zählt Mutter
die Tage in diesem Jahr,
denn am Heiligen Abend
seid ihr ja da.
Sie träumt von einem schönen
Weihnachtsfeste
und wünscht euch nur
das Allerbeste!

Theresia Bracker

Plätzchenbacken

Es gibt in der Adventszeit
so manchen alten Brauch;
dazu gehört – wie köstlich –
das Plätzchenbacken auch.

Oh, wie das manchmal duftet
nach Honig und nach Zimt,
nach Mandeln und Vanille!
Auch du magst das bestimmt.

Und alle Plätzchen schmecken
ganz himmlisch jedes Jahr.
Wie schön, dass die Adventszeit
auch diesen Brauch gebar!

Uta Koppel

Der verspätete Nikolaus

„Wie lange wollt ihr noch aus dem Fenster gucken? Ihr drückt euch ja die Nasen platt an der Scheibe", lacht der Vater und stellt einen Krug mit heißem Kakao und den Kuchen auf den Tisch. Sarah, ihr Bruder David und das Schwesterchen Hanna stehen schon eine ganze Weile dicht gedrängt auf der Spieletruhe und schauen durch die tanzenden Schneeflocken hinaus auf die Straße. Sie warten auf den Nikolaus. Auf den echten, den richtigen Nikolaus – nicht so einen künstlichen, wie er im Schaufenster auf der anderen Straßenseite steht. Ständig nickt er mit dem Kopf und hebt alle paar Augenblicke seine rechte Hand zum Gruß, auch wenn niemand vorübergeht. Wenn doch der wirkliche Nikolaus endlich käme! Auf seinem Schlitten, der von einem prächtig geschmückten Schimmel gezogen wird. Mit seinem großen Sack, in dem himmlische Gaben für die Kinder sind. Sie haben fleißig alle Nikolauslieder geübt und Sarah hat ein langes Gedicht für ihn auswendig gelernt.

Draußen wird es schon langsam dunkel. David und Hanna setzen sich traurig an den gedeckten Tisch. Sarah aber kommt noch nicht. Sie hat auf der Fichte vor dem Fenster ein Eichhörnchen entdeckt. Es hockt ganz still auf einem Zweig und blickt mit seinen Knopfaugen ins Zimmer hinein. Dann plötzlich dreht es sich um und saust davon.

Nachdenklich nippt Sarah an ihrem Kakao. Ob der Nikolaus in diesem Jahr überhaupt nicht kommt? Ob er zu viel zu tun hat – oder ist er gar krank geworden?

Was ist mit dem Nikolaus los?, wundert sich auch das Eichhörnchen. Es hat ihn doch vorbeifahren sehen im Wald, heute Nachmittag schon, als es gerade zu schneien begann. Und da – im Schnee sind noch ganz deutliche Spuren des Schlittens zu erkennen! Ich werde den Nikolaus suchen, beschließt das Eichhörnchen und folgt in großen Sprüngen den tiefen Eindrücken von Pferdehufen und Schlittenkufen.

Immer dichter wird der Wald, immer dunkler. Schließlich, mitten auf einer Lichtung, entdeckt das Eichhörnchen den alten Mann im roten Mantel. Gebeugt sitzt er auf seinem Schlitten, das Gesicht in den Händen vergraben. Der Schimmel scharrt im Schnee.

„Nikolaus!", ruft das Eichhörnchen. „Lieber Nikolaus, was ist mit dir? Sollen die Kinder in diesem Jahr vergeblich auf dich warten? Kann ich dir vielleicht helfen?"

„Du bist ein gutes Tier", antwortet der Nikolaus müde. Er hebt das Eichhörnchen auf seinen Schoß und streicht ihm mit der Hand über das feuchte Fell. „Aber ich fürchte, du kannst mir nicht helfen. Zuerst wollte ich ja zu den Kindern gehen. Ich habe mich sogar das ganze Jahr darauf gefreut. Aber dann sah ich unterwegs, in der Stadt, was den Kindern heute Freude macht: Roboter, Computerspiele, sogar Panzer, Raketen und anderes mehr – was sollen sie da noch mit meinen Himmelsgaben…"

„Aber, lieber Nikolaus", ruft das Eichhörnchen erschrocken, „weißt du denn nicht mehr: Apfel, Nuss und Mandelkern essen alle Kinder gern! Auch mir schmekken deine himmlischen Nüsse unvergleichlich gut! Und ich erinnere mich genau, wie die Kinder sich im letzten Jahr über deine Geschenke gefreut haben. Mit den bunt bemalten Hampelmännern, den lustigen Stoffpuppen und kuscheligen Teddybären spielen sie immer noch am allerliebsten."

„Meinst du wirklich?", fragt der Nikolaus zweifelnd. „Wirklich!", nickt das Eichhörnchen. „Vorhin noch habe ich die Kinder traurig am Fenster sitzen sehen. Sie drücken sich fast die Nasen platt, weil sie so sehr auf dich warten!" Tatsächlich, Sarah, David und Hanna haben ihren Platz am Fenster wieder eingenommen. Und die Eltern erzählen ihnen die Geschichten vom Heiligen Nikolaus: von dem Bischof aus Myra, der so viele Wundertaten vollbracht hat. Schiffbrüchige hat er gerettet, unschuldig Gefangene befreit und sogar eine ganze Stadt vor dem Hungertod bewahrt. Am liebsten aber hat er die Kinder beschenkt, erzählen die Eltern, und das tut er noch heute.

Plötzlich horcht Sarah nach draußen. Was ist das? Ein leises, feines Geläute! „Seid mal alle still!", ruft sie. Das Läuten kommt näher. Ein Schimmel trabt vom Wald her auf das Haus zu. Er zieht einen prächtig geschmückten Schlitten. Auf dem Kutschbock sitzt ein Mann in einem roten Mantel und auf seinem Schoß hockt ein Eichhörnchen.

„Der Nikolaus!", jubeln die Kinder und rennen zur Tür. Der alte Mann tritt ein, stellt seinen schweren Sack ab und lauscht den vertrauten Liedern. So haben die Kinder doch nicht vergeblich geübt! Ohne sich einmal zu verhaspeln sagt Sarah ihr langes Gedicht auf. Nikolaus verteilt seine Gaben und die Freude der Kinder macht sein Herz wieder froh. Das Eichhörnchen aber schaut von draußen ins Fenster hinein und knackt mit blinkenden Augen eine himmlische Nuss vom Nikolaus.

JOSEF DIERKES

Advent

Warum,
Mensch, schaust
du auf zu den Sternen?

Kann
diese Welt
dir Heimat nicht sein?

Warum
lauscht deine Seele
hinaus
in das Schweigen
der
Sternenwelten?

Hört
sie ferne Klänge
aus der Tiefe des Alls?

Warum
steigt in ihr
ein Sehnen auf,
unendlich
schön, unendlich weh?

Ist
es die Schönheit
der
Himmel,
die dich anrührt, –
sahst du sie vor Urzeiten,
ehe
die Erde ward,
ehe das Firmament?

Wird Erinn'rung wach
wie aus vergess'nen Träumen?

Standest
einst du vor deinem Gott,
durchstrahlt
von seinem Licht,
in der Schönheit des Anfangs?

Ward
Schuld an dir gefunden?

Sah
man dich stürzen
gleich einem Blitz, –
heimatlos
nun
zwischen den Welten,
suchend
das selige Einst?

Wer
bist du, Mensch?

Ein Vertriebener
am Rande der Sinnlosigkeit?

Ein
Hoffender
auf dem Wege nach Haus, –
geführt
vom Ahnen um das Warten
eines
liebenden Vaters?

Theresia Bracker

Ein vergnügtes Lächeln

Ach, was wäre der Dezember
ohne jenen heil'gen Mann,
der die Herzen aller Großen,
aller Kleinen einst gewann.

Jedes Jahr, so lang das Märchen
noch die Phantasie anregt,
zieht er mit dem schwarzen Ruprecht
durch die abendliche Welt.

Die Methoden sind verschieden,
die Sankt Nikolaus dann braucht;
um die Arbeit durchzuführen,
dass ihm fast der Schädel raucht.

Doch wenn alles gut verlaufen
und die Taschen wieder leer,
fällt ihm ein vergnügtes Lächeln
auf der Himmelsbank nicht schwer.

Theresia Bracker

Backen in der Weihnachtszeit

Meine Tante Icka backte
in der schönen Weihnachtszeit
viele Plätzchen für uns Kinder;
oh, die war'n 'ne Köstlichkeit!
Spekulatius, den formte
sie mit Modeln noch aus Holz,
und wenn wir die Plätzchen lobten,
war die Tante richtig stolz.
Gerne denke ich im Geiste
an die Weihnachtszeit zurück,
wo die gute Tante backte –
und verschenkte sehr viel Glück!

Paula Eckel

Ein echter Nikolaus saß am Tisch

Aus meiner Kindheit in Daseburg (1922 - 1935)

Dicke Schneeflocken wirbelten in der Luft. Es wollte wieder Weihnachten werden. Eine weiche weiße Decke breitete sich über Dach und Zaun – Baum und Strauch – Wiesen und Felder. Das Dorf lag im Schlaf. Hungrig strich ein Fuchs aus dem nahen „Weißholz" um die Hühnerställe am Ortsrand. Seine Spur war am Morgen zu sehen.

Wenn es nur nicht wieder so kalt werden wird, wie im letzten Winter, als fast alle Wasserleitungen zugefroren waren.

Der Gemeindediener Müller – eine Amtsperson mit Uniform, Pickelhaube, und großer Glocke – verlas mittags immer die neuesten Nachrichten. Er hatte bekanntgegeben, dass zu gewissen Zeiten Wasser an den Hydranten ausgegeben würde.

Groß und Klein zog Schlitten, auf denen in Wannen und Eimern das kostbare Trinkwasser nach Hause geholt wurde. Gewaschen und gebadet wurde in aufgetautem Schneewasser.

Heute hatte Herr Müller „ausgeschellt", dass an der Lütgenederer Straße für zwei Tage Zigeuner lagern und dass sie einen Braunbären mitführten, der am Nachmittag vor „Greibens" (Michels) Scheune (Dorfmitte) gegen 5 Pfg. seine Tanzkunst zeigen wird. Derartige Abwechslungen gab es hin und wieder. Häufig waren auch Händler im Dorf, besonders vor Weihnachten. Kettschau aus Warburg kam mit einem Einspänner-Leiterwagen, an dem alle Arten von Kochgeschirr, Schüsseln und Wannen befestigt waren. Noch ehe das Pferd in unsere Straße einbog, hörte man das Klirren und Klappern. Mit weniger Lärm zogen die Korbflechter aus Dalhausen ihre hochbeladenen Handwagen. Der Heringsmann aus Kleinenberg bot am Planwagen seine Ware feil. Regelmäßig erschien auch der Lumpen- und Alteisenhändler „Trampedach" aus Hofgeismar mit Pferd und Wagen. Der Kohlenhändler sorgte für Wärme gegen die große Winterkälte. Vor Weihnachten fehlten auch nicht die Wein- und Zigarren-Angebote vom Kaufmann „Rokus" aus Warburg. Er war schon motorisiert und kam mit einem „Goliath"-Dreiradauto. Nur Fahrzeuge der Bauern waren jetzt rarer. Längst lag die Ernte in Keller und Scheune, Rüben und Kartoffeln lagerten frostgeschützt unter hoher Schneedecke im Feld.

Auf ständigem Durchgang waren aber fast täglich Wandergesellen und Bettler. So auch an jenem Nikolaustag. Meine Geschwister und ich waren schon ganz aufgeregt. „Ob Nikolaus wohl zu uns kommt?" – Eben hatte Mama uns rausgeschickt, die gewaschenen Windeln unseres jüngsten Geschwisterchens ins Haus zu holen. Sie waren steif wie Bretter gefroren. Doch welche Überraschung! Vor uns im Schnee Schokoladenplätzchen mit bunten Zuckerstreuseln. Die konnte nur der Nikolaus verloren haben!

An diesen Nikolaustag erinnere ich mich besonders. Alle Jahre vorher kam unser Nachbar mit bunter Nikolausmaske. Wir Großen erkannten ihn an seiner Stimme. Aber diesmal war der echte Nikolaus gekommen.

Ein Bettler mit schlohweißem Haar, das unter der dunklen Pudelmütze hervorsah, schellte an unserer Tür. Mama hatte ihn nach dem Öffnen schnell überreden können, für uns den Nikolaus zu spielen. Vom Gesicht des Mannes waren nur die rote Nase und die lustigen Augen zu sehen. Der Mund war vom Schnauzbart und dem langen „Nikolausbart" ganz versteckt.

Indem er uns seine Geschichte von der langen Reise aus dem Himmel erzählte, hatte Mama schnell einen Kissenbezug mit Äpfeln, Plätzchen und Süßigkeiten gefüllt.

Nach einem Augenzwinkern von Mama sagte der „Nikolaus", dass er draußen noch eine Überraschung für uns hätte. Er verteilte allerlei Gaben, – wir sprachen nach Aufforderung noch Gebete und wollten auch immer brav und artig sein. Unsere Eltern luden Nikolaus dann noch zum Bleiben ein. –

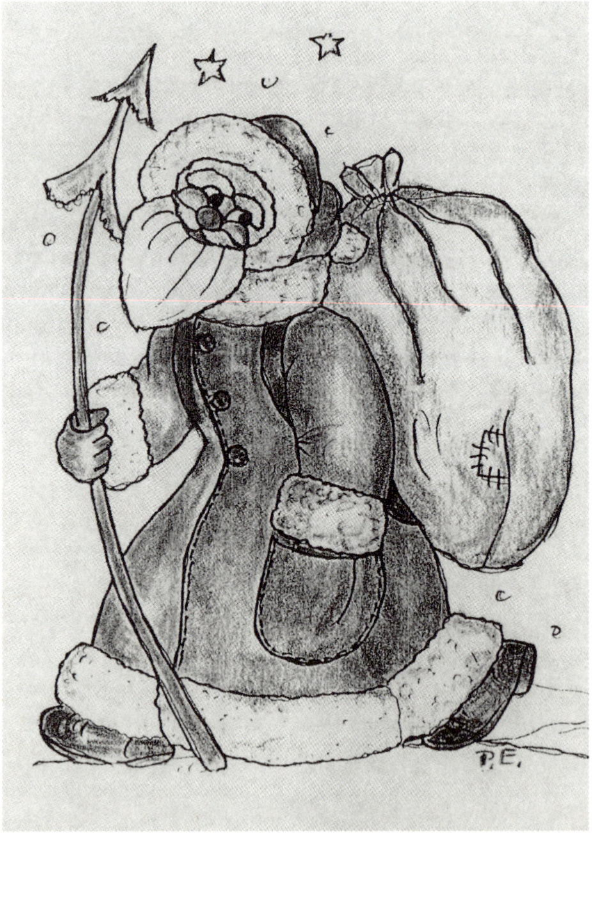

Nie hatten wir vorher erlebt, das ein Nikolaus, – diesmal sogar ein echter – mit uns zu Abend aß.

Unsere Zweifel, „es gibt gar keinen Nikolaus", waren verflogen, wenn die Nachbarkinder am nächsten Tag auch fest behaupteten, dass es den Nikolaus nicht gibt. Wir hatten ihn ja tatsächlich gesehen, – er war wirklich echt!

Fritz Schäfer

Im kosmischen Kobel aus Gottes Hand

Hannes hat zehn Jahre schon
einen breiten Holzbalkon.
Dort steht auch sein Vogelhaus,
täglich streut er Futter aus.
Vor der Winterfutterstreu
ist nicht mal das Eichhorn scheu,
denn da gibt es leck're Nüsse
und mitunter auch mal süße
Trockenpflaumen und Korinthen.
Bis zur Fachhochschule hinten
durch die wohlverglasten Wände
kann Hann's weit ins Parkgelände
des Liborius-Hauses schau'n,
und bei Wintersonnenschein
hüllt er sich in Decken ein.
Eingemummt, ohne zu frieren,
läßt er's Jahr Revue passieren,
sah das Eichhorn Kobel bau'n
drunten vor dem Gartenzaun,
staunte, wie's der Gerten Zipfel
transportierte in den Wipfel
seiner Fichte hochhinauf,
wie's in hastig- eil'gem Lauf
trock'ne Fichtenzweige flocht
und wie es am End' vermocht',
zu des Winterschlafes Streu
trock'nes Lobelienheu
aus den Holzkästen zu klauben
unermüdlich – kaum zu glauben –!

Um Punkt zwölf der Angelus
lädt ihn zum Mariengruß.
So ruht Hannes, eingebunden
in den großen, kosmisch runden
Kobel in des Herrgotts Hand
in dem weiten Winterland,
eingebunden ins Geschehen
zwischen Werden und Vergehen
ruht mit ihm in der Natur
Gottes ganze Kreatur.
Rastend fastend im Advent
fast die halbe Schöpfung pennt,
die durch Adams Fall vor allem
in die Erbschuld mitgefallen,
und sie ruht dem Fest entgegen,
das uns brachte Heil und Segen
durch das „fiat", das die Magd
einst dem Engel hat gesagt.
Flieht die Sonne, wird es kälter
Hannes, nun zwei Stunden älter,
flieht nun seinerseits ins Haus
und zieht die Pullover aus.

Erwin Dübbert

Ein Heiliger als Ehestifter

Der heilige Nikolaus dürfte beinahe weltweit der populärste Heilige sein. Die Feste und Gebräuche zu seinen Ehren gehen wohl auf zwei Männer gleichen Namens zurück: Abt Nikolaus von Sion und Nikolaus, Bischof von Myra.

Von den beiden Heiligen, die im Laufe der Zeit zu einer Gestalt verschmolzen, werden zahlreiche Legenden erzählt. Sie kennzeichnen den Heiligen als Ehestifter, Retter aus Sturmes- und Hungersnot, Helfer der Gefangenen, Schutzpatron des Eigentums und der Diebe, aber vor allem als Freund und Beschützer der Kinder. Deshalb ist das Fest des heiligen Nikolaus vor allem ein Kinderfest.

Bereits im 6. Jahrhundert wurde zu Ehren des heiligen Nikolaus eine Kirche in Konstantinopel erbaut, die Kaiser Justinian in Auftrag gegeben hatte. Auch in unseren Breiten wurden seit dem 11. Jahrhundert zahlreiche Kirchen dem heiligen Nikolaus geweiht, vor allem die Kirchen der Hafenstädte tragen seinen Namen.

Sein Namenstag, der 6. Dezember (sein Todestag), fällt in eine Zeit, in der die Bauern ihre Vorräte für den Winter herrichten. Früher wurde zu dieser Zeit auch geschlachtet.

In der Weihnachtszeit war der Nikolaus lange Zeit der einzige, der den Kindern Gaben brachte. Erst etwa ab dem 18. Jahrhundert hat das Christkind ihn sozusagen abgelöst.

Im Brauchtum der einzelnen Völker entwickelte sich das Fest des heiligen Nikolaus in zahlreichen Formen. Dazu gehört auch das Auftreten seiner Begleiter: maskierte Gestalten, Engel, Heilige, Bauern, Handwerker und wilde Gesellen. Ebenso vielschichtig wie die Bräuche sind auch die Bezeichnungen und die Funktionen von Nikolaus und seinen Begleitern: Zinterklos, Sünnerklaas, Samichlaus, Nikolo oder einfach Helje. Dem deutschen Nikolaus entsprechen Santa Claus aus England und Sinter Klaas in den Niederlanden.

Sein bekanntester Begleiter dürfte Knecht Ruprecht sein, auch Beelzebub, Pelzprecht oder Pelzmärte, Rasselbock, Klaubauf oder Krampus genannt. Häufig tragen diese Begleiter furchterregende Masken, zottelige Pelze und sind mit Ketten oder Ruten bewaffnet. Immer bilden sie einen krassen Gegenpol zu der eher feinen freundlichen Erscheinung des Nikolaus. Während dieser für die Belohnung der Kinder zuständig ist, sorgt sein finsterer Begleiter für die Bestrafung der Ungezogenen und Ungehorsamen.

Heinz Mönkemeyer

Der Adventskalender

Er hat so schöne bunte Fensterlädchen
und Tür und Tor, verschlossen alle fest.
Was sie verbergen? Jungen frag und Mädchen,
durch die sich willig alles öffnen lässt.

Man muß den rechten Schlüssel nur verwenden
und Augen haben, die das Schöne sehn.
Der Schlüssel ist das Herz! Mit Kinderhänden
läßt sich an jedem festen Schlosse drehn.

Dann öffnen sich die Lädchen und die Türen;
an jedem Tage geht ein Fenster auf.
Advent! Ein Hauch von Weihnacht ist zu spüren,
und Bub und Mädchen sehn beglückt hinauf.

Hier steht ein Licht im Fenster, dort ein Baum.
Das Püppchen fehlt nicht und der Teddybär,
das Schaukelpferd ... Und was der Kinder Traum!
In dem Kalender ist kein Plätzchen leer.

An jedem Tage gibt er Freude weiter
und Licht – wie Licht, das schenkend sich verzehrt.
Die Kinderherzen macht er froh und heiter.
Wie wenig ist es, was ein Herz begehrt!

Kalendertüren stehen wieder offen. –
O dass auch unser Herz stets offen wär!
Der alte Streit der Welt macht mich betroffen,
der Streit in uns, der Streit rings um uns her.

Wie reich wir wären, würden wir verschenken,
was jeder hat: der Mächt'ge seine Macht –
Und statt an uns einmal an andre denken:
Ein Mehr an Licht ist weniger an Nacht!

Dominik Potthast

St. Nikolaus und Knecht Ruprecht in Albaxen

Wie jedes Jahr kamen auch vor vielen Jahren St. Nikolaus und Knecht Ruprecht nach Albaxen. Doch jenes Jahr geschah etwas ganz Besonderes. Letzte Nacht hatte es feste geschneit und der Schnee lag wohl einen halben Meter hoch. St. Nikolaus und Knecht Ruprecht gingen wie jedes Jahr durch den Wald zu dieser Ortschaft. Die beiden hatten einen Esel bei sich, der einen kleinen Schlitten zog. Auf diesem lag der schwere Sack mit den Süßigkeiten für die Kinder. St. Nikolaus schritt Knecht Ruprecht und dem Esel voran. Sein roter Mantel leuchtete auf dem weißen Schnee. Und so weiß wie der Schnee war sein Bart. Auf dem Kopf hatte er eine Mitra, den Bischofshut, und in der Hand hielt er den goldenen Bischofsstab. Knecht Ruprecht indess hielt den Esel am Zügel. Er hatte einen dunklen Bart und trug einen Mantel aus braunen und schwarzen Fellen. Eine große Rute hatte er in der Hand.

Als sie gerade den Wald mit den großen, schneebedeckten Tannen und Fichten verlassen hatten, sprach St. Nikolaus zu Knecht Ruprecht: „Wir machen es wie jedes Jahr. Die Kinder schlafen schon. Ich bringe den lieben Kindern Süßigkeiten. Du aber gehst zu den schlechten und gibst ihnen die Rute." „Ja", sagte Knecht Ruprecht mürrisch, denn es machte ihm gar keinen Spaß, den bösen Kindern die Rute zu geben. Er wollte viel lieber die Kinder mit Süßigkeiten beschenken. Aber St. Nikolaus wollte das immer selbst tun. Und wieder meinte dieser: „Die Engel haben mir gesagt, dass der Tobias dieses Jahr die anderen Kinder in der Schule dauernd geärgert hat. Dem kleinen Frank hat er die Milch heimlich ausgetrunken und den Mädchen immer in den Haaren gezogen. Zu dem gehst du im nächsten Dorf."

Schließlich kamen sie in der kalten Nacht nach Albaxen. Im Mondlicht sah man den großen Kirchturm mit der Turmuhr. Es schlug gerade elf. An einem Haus blieben sie stehen und St. Nikolaus sagte: „Knecht Ruprecht, hier musst du hin." Und dieser nahm seine Rute und ging zur Treppe, die zur Haustür führte. Doch da es so glatt war, rutschte er auf der kleinen Treppe aus und fiel auf sein Bein. „Ah!", schrie er vor Schmerz. Da der Schrei sehr laut war, wurden sofort einige Albaxer wach und schauten aus den Fenstern, da sie wissen wollten, was geschehen war. Als sie sahen, dass dort Knecht Ruprecht gestürzt war und sich vor Schmerzen am Boden krümmte, kamen die Leute aus den Häusern, um ihm zu helfen. Natürlich waren auch die Kinder wach geworden. Voller Freude liefen sie zu St. Nikolaus und umringten ihn. Laut riefen sie durcheinander und wollten wissen, was er ihnen bringen werde. St. Nikolaus wollte zuerst Knecht Ruprecht helfen, doch als er sah, dass viele Erwachsene bei ihm waren, sagte er zu den Kindern: „Bevor ihr von mir etwas bekommt, sagt doch lieber ein Gedicht auf, oder besser, singt zusammen *Lasst uns froh und munter sein.*" So begannen alle Kinder zusammen zu singen.

Nur Tobias nicht. Er stand neben Knecht Ruprecht, der jetzt auf der Treppe saß und meinte zu ihm: „Lieber Knecht Ruprecht, es ist doch so kalt, da habe ich dir einen heißen Tee mitgebracht." „Danke", sagte Knecht Ruprecht, denn er mochte Kinder sehr, und nahm die Tasse. Wieder begann Tobias: „Ich weiß, dass du zu mir wolltest. Ich habe die anderen geärgert und ich habe die Rute verdient. Aber ich möchte mich bessern und bei den anderen entschuldigen." „Ist das nicht etwas spät, jetzt am Nikolausabend? Das sagst du nur, weil ich da bin." „Ja, du hast recht. Aber ich möchte mich bessern", versprach Tobias. „Wenigstens bist du ehrlich", meinte Knecht Ruprecht mit tiefer Stimme. „Du weißt: Die Engel schauen vor Weihnachten besonders sorgfältig. Und wenn du wieder böse bist, bekommst du nichts vom Christkind. Aber jetzt geh wieder zurück ins Bett." „Gute Nacht", sagte Tobias traurig und ging mit der leeren Tasse ins Haus. Er glaubte, dieses Jahr wohl nichts von St. Nikolaus zu bekommen.

Auch die anderen Kinder wurden wieder von St. Nikolaus nach Hause geschickt und die Eltern gingen mit. Knecht Ruprecht hatte keine Schmerzen mehr und humpelte kaum noch. Da sagte er zu dem heiligen Mann: „Ich kann Tobias nicht die Rute bringen. Er ist ein lieber Junge und wird sich bestimmt ändern. Glaub mir." St. Nikolaus nickte, denn er hatte gesehen, dass Knecht Ruprecht mit Tobias gesprochen hatte und meinte: „Gut. Aber du sollst zu ihm gehen und ihm Süßigkeiten bringen." Darüber freute sich Knecht Ruprecht am meisten, denn wie sehr hatte er sich gewünscht, die Kinder zu beschenken. So ging er durch die Tür – du musst wissen, dass für das Christkind, die Engel, St. Nikolaus und Knecht Ruprecht die Tür nie verschlossen ist – und legte Tobias Plätzchen, die die Engel mit St. Petrus gebacken hatten, Schokolade und Nüsse in den Stiefel. Auch St. Nikolaus ging von Haus zu Haus und brachte den schlafenden Kindern Geschenke. Dann verließen sie Albaxen und eilten ins nächste Dorf.

Am Morgen freuten sich alle Kinder, vor allem Tobias. Er wurde ein wirklich braver Junge und ärgerte die anderen nur noch ganz, ganz selten.

So kam es, dass Knecht Ruprecht dem Tobias jedes Jahr Süßigkeiten bringen durfte, und darum freute er sich immer, in der Nacht zum 6. Dezember nach Albaxen zu kommen.

Theresia Bracker

Das Wunderbare

Mancher rümpft vielleicht die Nase,
denkt vielleicht, wie schlau er ist,
wenn er glaubt, dass heutzutage
Nikolaus veraltet ist.

Doch dann sollte im Dezember
er mal durch die Fenster sehn,
wenn die Kinder alle selig
vor den Leckereien stehn.

Wenn er dann den Sinn nicht ändert,
hat er's lange nicht gespürt,
wie das Wunderbare manchmal
liebevoll das Herz berührt.

Theresia Bracker

Der Knecht des heil'gen Nikolaus

Knecht Ruprecht heißt der schwarze Knecht
des heil'gen Nikolaus.
Ach, wenn er wütend ist, dann sieht
er furchterregend aus.

So mancher hat Bekanntschaft mit
der Rute schon gemacht
und manchen steckt er obendrein
noch in den großen Sack.

Sei schlau und ärgere ihn nicht –
dann hast du sicher Glück,
dass er dir Honigprinten gibt
mit einem lieben Blick.

Hans-Joachim Chollet

Blumen zu Nikolaus

„Wie ich deine Mutter kennengelernt habe, willst du wissen?" Dem Vater war die Frage seines Sohnes etwas peinlich, aber andererseits... Christian war alt genug für solche Fragen und vor allem – für ehrliche Antworten! „Ja, weißt du...", der Vater tastete sich vor, „ich kannte sie ja vom Ansehen, denn sie wohnte in unserer Nachbarschaft im Riemeke. Sie ging mir nicht mehr aus dem Kopf... aber ich wusste nicht, ob sie mich mochte. Ich konnte sie doch nicht einfach so fragen! Nun, es war gerade Advent, und ich hatte damals die Aufgabe, am 6. Dezember im Bekanntenkreis den Nikolaus zu spielen, verkleidet – versteht sich.

In einem Gabensack waren die Geschenke für die Kinder verstaut. Die Familien waren in einem großen Wohnzimmer versammelt, als ich bei beginnender Dämmerung an die Tür klopfte und auf ein vielstimmiges „Herein" mit schweren Stiefeln in das Zimmer stapfte. Die Kinder waren sehr aufgeregt. Sie glaubten wirklich, dass ich der Nikolaus wäre. Meine Verkleidung war perfekt. Eltern und Kinder sangen Adventslieder, und danach mussten die Kinder Sprüche und Gedichte aufsagen und über die Rute springen, die ich dabei hatte. Dann verteilte ich die mit Namensschildern versehenen Päckchen. Ganz zum Schluss blieb noch ein Päckchen übrig, wie von mir geplant. Das war für Ursula bestimmt, denn ich hatte in Erfahrung bringen können, dass sie an Stelle ihrer Mutter den Bruder zum Nikolaustreff begleiten würde. „Für dich", sagte ich mit lauter Stimme, „von mir persönlich" mit leiser.

Ursula war ganz überrascht, und aus lauter Verlegenheit nestelte sie das Päckchen auf, während alle gemeinsam noch ein Adventslied sangen – und dann hatte sie plötzlich ein großes Lebkuchenherz in der Hand, das ich mit Vorbedacht von der Soester Allerheiligenkirmes besorgt hatte. Viel wichtiger war natürlich die Inschrift: Ich liebe dich! Am Schluß des Liedes, als ich mich verabschieden wollte, sagte ich: „Ich hoffe, dass alle mit ihren Geschenken zufrieden sind, und das glaube ich auch, denn ihr habt mir auch viel geschenkt – eure Gedichte und Sprüche. Nur eine ist unter euch, die etwas von mir bekommen hat, ohne mir selbst etwas zu schenken. Da ich aber schon so viele Gedichte erhalten habe, möchte ich von derjenigen etwas anderes und etwas Besonderes haben – nämlich einen Kuss. Der arme Nikolaus ist heute nämlich noch gar nicht geküsst worden." Alle Augen richteten sich auf Ursula, die leicht errötete – jedenfalls bildete ich mir das ein! Da stand sie auf, ging auf mich zu und hauchte mir einen Kuss auf die geschminkte Wange. Dann sagte sie laut: „So, Nikolaus, jetzt bringe ich dich noch zur Haustür, damit du im dunklen Flur nicht stolperst", schob mich mitsamt dem leeren Gabensack auf den Korridor und schloss die Zimmertür, so dass wir allein waren.

„So", sagte Ursula, „und nun nimm mal deinen Bart ab, damit ich dir einen richtigen Kuss geben kann. Sonst habe ich lauter Watte an den Lippen." Deine Mutter war schon immer sehr praktisch, schon in frühester Jugend. Und ich wusste plötzlich, woran ich war. Vom folgenden Weihnachtsfest weiß ich nichts mehr, aber diesen Nikolaustag werde ich nicht vergessen. Und jetzt verstehst du wohl, warum deine Mutter von mir dreimal Blumen im Jahr bekommt – an ihrem Geburtstag, an unserem Hochzeitstag und zu Nikolaus!

THERESIA BRACKER

Die große Nascherei

Sankt Nikolaus, der freut sich sehr,
wenn wir zufrieden sind –
und wenn die große Nascherei
in diesem Jahr beginnt,
lauscht er ganz heimlich an der Tür
und wiegt sein greises Haupt
und denkt: Wie schön, dass immer noch
das Herz an Wunder glaubt!

Paula Schumacher

Advent!

Wenn endlich der November vorüber zieht,
man überall seine Spuren sieht.
Die Stürme, die von Norden tobten,
genüsslich ihren Aufstand probten.
Sie halten Hausputz in der Welt,
was immer krank, schwach und verwelkt,
wird aussortiert, es fällt zur Erde bis es stirbt.
Sie schaffen Platz für neues Werden,
wenns wieder Frühling wird auf Erden.
Bis das jedoch dereinst geschieht,
singt der Winter noch sein Lied.
Das Jahr neigt sich dem Ende zu,
es rüstet sich zur Wintersruh.
Menschen, Tiere, Strauch und Bäume,
sie alle haben ihre Träume.
Der Kinderseelen schönster Traum
ist und bleibt der Weihnachtsbaum.
Leise, leise, still und sacht
fallen Flocken über Nacht.
Lautlos huschen Has und Reh,
durch den frisch gefallenen Schnee.
Der Mond schiebt sich durchs Wolkenmeer,
verzaubert alles rings umher.
Lässt Eis und Schnee wie Funken sprühen,
Eisblumen an den Scheiben blühen.
Schweigend steht der dunkle Tann,
die Schöpfung hält den Atem an.
Von überall Glockengeläut,
die Welt sich auf das Christfest freut.

Hans-Dieter Kersebaum

Weihnachtsmarkt

Grelle Lichter,
überlaute Musik,
Glühwein, Honig,
Lebkuchenherzen,
alles nur Kommerz.

Bunte Kugeln
auf Fichtengrün,
Fritten auf
dem Markt,
leuchtende Kinderaugen
am Karussell,
trotzdem nur Kommerz.

Die Menschen
in Massen, schieben
sich durch die Gassen,
rücksichtslos und egoistisch.
Kein Blick gilt dem Mitmenschen,
es sei denn...
aber da spielt das Wetter nicht mehr mit.

Wo bleibt der Sinn des Festes?
Wo bleibt der kindliche Glaube?
Wo bleibt das Christuskind?

Und doch:
Inmitten der Geschäfte
endlich eine Krippe.
Große und kleine Augen
schauen fröhlich und glücklich.
Endlich, obwohl Kommerz,
Weihnachten auf dem
Weihnachtsmarkt.

KLAUS TERSTESSE

Das Fest der Stille

Auch wenn der laute Vorweihnachtsrummel in Kaufhäusern und Einkaufszentren, in Gaststätten und auf den Straßen uns etwas anderes weismachen will, so ist und bleibt für mich das Geburtsfest Jesu im Grunde ein stilles Fest. Schon von Anfang an war das so: Keine Fanfarenstöße und kein Lautsprechergedröhn kündeten einst vor Betlehems Toren von der ersehnten Ankunft des Herrn der Welt. Wie konnte sie auch anders geschehen als in der Stille? Schließlich sollten weder das neugeborene Kind im Stalle noch die schlafenden Schafe auf den Fluren aus ihrer nächtlichen Ruhe aufgeschreckt werden. Die bei ihren Herden wachenden Hirten und vor allem das besorgte junge Elternpaar waren ja ohnehin ganz Auge und Ohr, so dass es keines Gedudels oder Laserspektakels bedurfte, um sie dem Wunder der Weihnacht zu öffnen.

Jesu Eltern wie auch die Schäfer von Betlehem waren allesamt stille Menschen! Wie hätten sie – Maria beim Gebet in ihrer Kammer zu Nazareth, Josef in seinen Träumen und die Hirten bei ihren Nachtwachen – auch sonst die an sie ergehenden Botschaften aus Engelsmund vernehmen sollen? Himmelsworte, das wissen wir seit jener Zeit, erschließen sich nur dem, der Ohren hat zu hören und Augen zu sehen. Um sie aber in ihrer ganzen Fülle zu verstehen, müssen wir uns nach innen richten und „mit dem Herzen gut" sehen und hören lernen, weil ja, wie uns ANTOINE DE SAINT-EXUPÉRY (1900-1944) auch gelehrt hat, „das Wesentliche für die Augen unsichtbar" ist.

Offene Menschen lieben die Stille, weil sie erfahren haben, dass sich alles wirklich Wichtige eben nur in Ruhe und Gelassenheit, nicht aber in Trubel und Ausgelassenheit ereignet. Gleichwohl sollten wir uns beim Aufmerken auf die wesentlichen Dinge, und dazu gehören sicher auch die weihnachtlichen Geheimnisse, gedanklich nicht allzu sehr anstrengen oder gar in Spekulationen verlieren. In seinem beeindruckenden Wiedertäufer-Roman „Der Schlüssel zum Abgrund" (Hamburg 1955) legt FRANZ THEODOR CZOKOR (1885–1969) dem Bischof von Münster in unruhiger Zeit die wegweisenden Worte in den Mund:

„Es wird zuviel geklügelt und gedacht. Wohl ist es gut, alles zu bedenken und sich einzusetzen für eine Sache; aber zuletzt steht doch ein ander Bauwerk da als der Plan vorgesehen. Die Gnade hat dieses Werk gebaut. Glaube kann irre gehen, nicht aber die Gnade. In den Glauben kann sich ohne Wissen etwas einmengen vom eigenen Willen; die Gnade aber kommt unmittelbar von oben, und es bedarf der Stille, um ihrer teilhaftig zu werden."

Josef Dierkes

Advent

Wir
sind auf dem Wege
nach Haus,
zurück
in die Heimat
der Frühe,
aus
der wir gefallen.

Dann
und wann
in der Stille
ein
Ahnen
um goldene Zeiten
von einst,
als,
trunken vor Glück,
die Seele frohlockte
im
Schauen
der Gottheit,
durchstrahlt von der Sonne
des Lebens.

Nun aber
unter fernher
blinkenden Sternen
brennt
das Herz
in Feuern der Sehnsucht.

Herr,
sei Du mir Stern
auf
dem Wege.

Theresia Bracker

Mehr als ein Licht

Manchmal ist ein Kerzlein
mehr als nur ein Licht –
manchmal gibt ein Kerzlein
sehr viel Zuversicht.
Glaube, Liebe, Hoffnung,
alles schließt es ein –
manchmal schenkt ein Kerzlein
sehr viel Glücklichsein.

Rosemarie Reimann

Das Wunder im Advent

Es war nach dem Krieg, in Zaubach. Mit grünen Tannenzweigen aus dem nahen Frankenwald hatte Mutter einen Adventskranz gebunden. Nur die Adventskerzen fehlten. Es gab keine zu kaufen. Mutter seufzte: „Woher kriegen wir bloß vier Kerzen?" Am nächsten Tag erzählte ich meinen Schulfreundinnen von unserem Adventskranz und von den Adventskerzen, die wir nicht dafür hatten.

Am Tag darauf brachte Marie vier bunte Kerzenstummel mit zur Schule. Sie hatte zu Hause für mich nach Kerzen gesucht und auf dem elterlichen Dachboden die halb abgebrannten Kerzen gefunden. Diese durfte sie mir geben. Ich freute mich sehr. Ich dankte Marie von Herzen.

Nach dem Unterricht eilte ich mit klopfendem Herzen nach Hause. Aufgeregt zeigte ich Mutter die Kerzenreste in meiner Hand. Mutter war überrascht. Staunend hauchte sie: „Das sind ja Lichter!" Freudig erzählte ich Mutter, wie ich zu den Lichtern gekommen war, und Mutter sagte nachdenklich: „Wenn du denkst, es geht nicht mehr, kommt von irgendwo ein Lichtlein her ..."

Als die Abenddämmerung herein brach, saßen Mutter, meine drei jüngeren Geschwister und ich glückselig am Tisch um den Adventskranz herum. Die Kerzenstummel brachten Farbtupfer auf das Tannengrün.

Das erste Lichtlein leuchtete hell und warm. Wie in jedem Advent, so sangen wir auch diesmal Weihnachtslieder. Wir Kinder merkten, dass wir manchen Liedtext seit dem vorigen Jahr vergessen hatten. Mutter half uns, und wir sangen und übten munter weiter. Langsam ging es immer besser. Bei der Liedzeile „kehrt mit seinem Segen" öffnete sich plötzlich ganz leise einen Spalt breit die Tür. Eine Schüssel voll Plätzchen rutschte über die Diele in die Stube herein! Die Tür ging eben so sachte zu, wie sie sich geöffnet hatte. Mit großen Augen blickten wir auf das, was hier geschah! Sofort rannte ich zur Tür, um nachzusehen wer draussen sei. Doch niemand war da. Dankbar nahmen wir die Plätzchen als ein Geschenk des Himmels an. In der Stube wurde es richtig feierlich. Wir Kinder glaubten, die Engel hätten unser Adventsingen gehört! Für uns war die Schüssel voll Plätzchen – ein Wunder.

Anton Riesel

Iuse Woinachtsbam in freoher Toit

Oin Chrisbam moßte jümmer soin.
Ment anners wie van Daohe.
Dat Schönste was doi Lechterschoin,
deameals vor alle Blaohen.

Hoi stund boi us innen Hoimatwalde,
nich wiehet van Daohe is.
Oine Fichte uppe woiten Halde.
Hoi was doi Bäste ganz gewiß.

Doi Plätzkens un doi wackern Appel,
un witte Wullen vanne Schäape.
Man maoke nich seo viel Gedrabbel,
un kam ak seo ganz geot teo Mäate.

Gestrickte Hanschken un warme Strümpe,
oin Schäal meh lange Fransen.
Ak warme, wullne dicke Rümpe,
un Holschken vor dat faste Trampen.

Ne Kriwe stund ak unnern Bame.
Us Blaohen ging dat Hiarte up.
Seon sülms gemaokten Bollerwaohen,
dat frogge Jannes un dien Jupp.

Seo waset dea in jianer Toit.
Man was glücklich üawer seon Bieten.
Un folte sik wien Künig roik,
mehen Flitzbagen iute Rieke.

Als Woihnachtsbräohen oin Fak Riwe,
Van iusen dicken Schwoine.
Doi Mamme lähe'nen Bieten trügge,
for Näawas arme, alte Moime.

Wennet ak nich seo üppig was,
et was doch wunnerschön.
Doi Toit is niu voull Haasebass,
voull Jammer un Gestöhn.

An'nek Chriskind denket man nich mah,
dat annere is ment wichtig.
Wat oinstens inn hiligen Nacht geschah,
is vor doi meisten nich mah richtig.

HILDEGARD TERSTESSE

Unser Weihnachtsbaum

Jedes Jahr in der dritten Adventswoche klingelt es in der Mittagszeit an der Haustür, und unser „Weihnachtsbaumverkäufer" empfängt mich: „Es ist mal wieder so weit." An dem mit Tannen und Fichten voll gepackten Wagen wählen mein Mann und ich unsere Weihnachtsbäume aus – unsere in der Mehrzahl, weil mein Mann Klaus seit dem Tod meines Vaters vor über zwanzig Jahren jedes Jahr für unsere Mutti den Baum besorgt und schmückt.

Herr Sch., ein freundlicher Landwirt aus Asseln, kennt unsere Vorstellungen: Er sucht schon auf dem Wagen das Passende für uns heraus und zeigt uns dann vier bis fünf Bäume zur engeren Auswahl. Kaum stehen die Bäume auf unserem Hof, sägt mein Mann unten am Stamm etwas ab, damit die frischen Schnittflächen genügend Wasser aus dem Kübel aufnehmen können.

Zwei Tage vor Weihnachten holen wir unseren Weihnachtsbaum in die Wohnung und schmücken ihn, das heißt, mein Mann schmückt ihn, und ich darf ihn begutachten. Nach dem Einstielen in den Christbaumständer wird lange mit dem Drehgelenk probiert, bis der gut gewachsene Baum ganz gerade steht.

Sorgfältig verteilt Klaus die elektrischen Kerzenfassungen, jeweils dem Baumwuchs kranzweise angepaßt. Anschließend dreht er die Lichterbirnen ein, und es ist jedesmal wieder spannend, ob alle Kerzen aufleuchten, sobald die letzte festgedreht ist. Jetzt geschieht die Feinabstimmung der Kerzen: Hier wird eine versetzt, dort eine an einem anderen Zweig befestigt oder gerade gerückt, und immer wieder kritisch geprüft, ob der Weihnachtsbaum mit seinen Lichtern von allen Seiten ein harmonisches Bild abgibt. Sobald mein Mann zufrieden ist, verteilt er die Kugeln rings um den Baum: Oben beginnt er mit den ganz kleinen – so wie ihn schon sein Vater gelehrt hat; doch je weiter er nach unten kommt, umso dicker werden die silberfarbenen Kugeln.

In diesem Schmuck können wir uns einige Wochen an dem Weihnachtsbaum erfreuen; denn er darf bei uns länger stehen bleiben als nur die wenigen Weihnachtstage.

Josef Fleckner

Der Stern von Betlehem leuchtet auch heute noch

„...Stolln, so gruß wie die Ufenbank, und wenn mer die gegassen ha'n, da sei mer olle krank...“! Doris gibt ihrem Bruder Klaus einen leichten Klaps, und bedeutet ihm mit heimlichen Zeichen, sofort mit dem Singen aufzuhören. Mitten im tiefsten Westfalen würde man eigentlich nicht erwarten, dass die Kinder Weihnachtslieder aus dem Erzgebirge singen. Aber die Mutter ist vor etwa 40 Jahren ihrem Mann aus dem Erzgebirge nach Westfalen gefolgt. Es war eine harte Zeit – sie kam in eine völlig andere Welt. Gewiss, sie liebt ihren Mann und ihre sechs Kinder sehr, aber in der Advents- und Weihnachtszeit übermannt sie manchmal noch das Heimweh nach zu Hause, wo die Weihnachtszeit einfach ganz anders gefeiert wurde. Wenn dann die Kinder die erzgebirgischen Lieder, die die Mutter ihnen beigebracht hatte, sangen, dann konnten schon mal ein paar Tränen fließen.

Mit dem wenigen, was sie hatten, bereiteten die Eltern ihren Kindern jedes Jahr ein unvergessliches Weihnachtsfest,

In den Jahren, als der älteste Sohn im Krieg, und dann in russischer Gefangenschaft war, stellte die Mutter immer einen gefüllten Weihnachtsteller unter den Christbaum.

Klaus kann sich noch ganz genau an diesen Moment erinnern, wenn die Familie in das Weihnachtszimmer trat – der geschmückte Christbaum erstrahlte in wunderbarem Glanz. Die Silberfäden glitzerten und funkelten, es roch – na ja – eben nach Weihnachten.

Die Augen der Kinder huschten schnell umher - wo steht mein Weihnachtsgeschenk? Was wird mir das Christkind in diesem Jahr wohl gebracht haben?

Aber zuerst wurde „Stille Nacht, heilige Nacht“ gesungen. Es war das schönste Lied im ganzen Jahr. Dann stürzten sich die Kinder auf die Geschenke. Viel war es, mit der heutigen Zeit verglichen, nie. Aber welche Freude über die Geschenke! Eine ganze Reihe „Städter“ kamen das Jahr über in das kleine Dorf und in das Haus der Familie und wurden immer freundlich aufgenommen. Das wenige, das die Familie besaß, wurde mit ihnen geteilt. Ein Elektriker aus Hagen kam regelmäßig alle paar Wochen zum „Hamstern“ und „Tauschen“. Er schlief immer bei der Familie, obwohl wenig Platz im Hause war. Er kam viel herum und hatte aus Dankbarkeit im Laufe des Jahres immer eine Kleinigkeit für die drei Jüngsten zum Weihnachtsfest ergattert.

Die älteren drei Brüder bastelten immer etwas für ihre jüngeren Geschwister. So erhielt Klaus einmal einen Bauernhof, für den der „Hagener" sogar ein paar Holzpferdchen aufgetrieben hatte. Die jüngste, Maria, bekam eine selbstgebastelte Puppe, die ihr aber gar nicht gefiel. Die legte Maria auf den Heuboden des Bauernhofes und sagte: „Das ist der Knecht!" Zum Glück hatten die Eltern aber für ein Stück Speck noch eine andre Puppe besorgt, die Maria auch ganz glücklich an ihr Herz drückte. Viele Jahre waren die beiden unzertrennlich. Der älteste Sohn Paul hatte, bevor er in den Krieg musste, für Klaus ein wunderschönes Schaukelpferd aus Holz gemacht. Jedes Jahr verschwand das gute Stück einige Wochen vor dem großen Fest, um dann am Weihnachtstag wieder neu lackiert unter dem Weihnachtsbaum zu stehen, und immer freuten sich die Kinder riesig darüber – es gehörte einfach zu Weihnachten.

Aber in diesem Jahr, in der Woche vor dem vierten Advent, kam ein großes Unglück über die Familie. Der Vater war nach Feierabend mit seinen Kollegen auf „ein" Bier und „einen" Korn in die Dorfkneipe gegangen. An diesem Tag war das Gehalt ausgezahlt worden. Wie in dieser Zeit üblich, bar in einer „Lohntüte". Der Abend geriet etwas aus den Fugen.

Am anderen Morgen gab es für den Vater ein schlimmes Erwachen. Die Brieftasche mit dem Geld und allen Papieren war weg – gestohlen!

Was nun? Das Geld musste doch für Weihnachten und den ganzen Januar reichen.

Alle waren sehr traurig. Es würde keine Geschenke geben, nein, nicht einmal einen besonderen Weihnachtsbraten? Aber so schlimm die Sache auch war, es gab keine Vorwürfe oder Beschimpfungen – keinen Streit. Die Familie hielt fest zusammen. Eigentlich war man überein gekommen, keinem Menschen von dem Unglück etwas zu sagen. Als aber die unverheiratete Tante Gertrud zu Besuch kam, merkte sie sofort, dass es etwas passiert sein musste. Sie ließ nicht eher locker, bis der Vater die traurige Geschichte erzählte. Die Tante hatte ein unerschütterliches Gottvertrauen. Sie sagte nur: „Ihr werdet sehen, Gott hat uns immer geholfen, er lässt uns auch jetzt nicht im Stich."

Am vierten Adventssonntag war die Familie in der Kirche versammelt. Klaus fielen die Worte von Tante Gertrud ein, und er bat den lieben Gott ganz inständig, alles wieder gut zu machen. Klaus sagte dem lieben Gott: „Sicher bin ich auch traurig, dass ich nun Weihnachten keine Geschenke bekomme, und der Braten wird mir auch fehlen, aber viel wichtiger ist, dass meine Eltern nicht mehr so traurig sind."

Für die Predigt hatte Klaus nicht so viel übrig – sie dauerte ihm viel zu lange. Aber nun horchte er auf! Was sagt der Pfarrer, kann das denn wahr sein? Der spricht doch von dem Unglück unserer Familie. Zwar nennt er keine Namen, aber Klaus ist sicher, der Pastor spricht tatsächlich von uns! Er hört, wie der Geistliche sagt, wer eine ganze Familie so unglücklich macht und das vor dem Fest der Liebe, der begeht eine schwere Sünde gegen die Liebe Gottes.

Er sagt: „Ich bitte den, der die Brieftasche genommen hat, sie dem Besitzer zurück zu geben, selbst wenn das Geld nicht mehr da ist, die Papiere sind für den Mann doch unersetzlich!" Ganz benommen geht Klaus nach Hause.

Was werden seine Eltern dazu sagen? Hoffentlich gibt es keinen Streit. Doch der Papa sagt nur: „Das war Gertrud, wir hätten es ihr nicht erzählen sollen." Die Mutter meint, dass es nicht zum Schaden sein könnte. Es war eine schöne Predigt, und sollte der Dieb in der Kirche gewesen sein, dann wird er sich sicher so seine Gedanken gemacht haben.

Am Montagmorgen der Weihnachtswoche war in der Küche wie immer viel los. Die Kinder und die Eltern waren damit beschäftigt, sich für die Arbeit und die Schule fertig zu machen. Maria, die jüngste, war wie immer die erste. Nachdem die Mutter ihr ein Kreuzzeichen auf die Stirn gemacht hatte, ging sie los. Mit vor Aufregung geröteten Wangen kam sie wieder in die Küche gestürmt: „Mama, Mama guck mal, was vor unserer Haustür lag!" Sie hielt der Mutter einen nassen, verschmutzten Gegenstand entgegen. Wirklich, es war die Brieftasche des Vaters. Alle Papiere waren da – und bis auf eine kleine Summe – auch das ganze Geld.

Es war, als leuchte ein Stern in der kleinen Küche auf, der eben so hell erschien wie bei der Geburt des Christkindes im Stall in Betlehem. Aber auch in einem anderen Haus in dem kleinen Dorf leuchtete ein heller Stern. Aber das helle Licht hat nur ein Mensch gesehen.

KLAUS TERSTESSE

Unablässiger Advent

Dreifältig ereignet sich Ankunft des Herrn:
Die erste verkündete einstmals der Stern,
der uns aufschien draußen vor Betlehems Toren –
da waren wir Menschen nicht länger verloren.

Die zweite geschieht in der Stille der Herzen,
wenn wir nicht länger in Freuden und Schmerzen,
ohne Gott zu vertrauen, woll'n leben allein
und lassen den Retter der Welt bei uns ein.

Die dritte vollzieht sich am Jüngsten Tage,
wo selig enden wird all unsere Plage:
Vernichtet sind dann die Mächte des Bösen,
da Christus gekommen, uns ganz zu erlösen.

Hildegard Terstesse

Der Strauß der Andenken und Erinnerungen

Jedes Jahr zum ersten Advent, wenn ich unsere Wohnung für die Advents- und Weihnachtszeit schmücke, verwende ich große Sorgfalt auf einen besonderen Strauß. Die Tannenzweige dazu schneidet mir mein Mann von den Omorikafichten im Garten ab. Ich stecke die Zweige mit der Unterseite nach vorne in die Vase, damit das zarte Blau der Nadeln besser sichtbar wird. Und dann behänge ich den Strauß mit vielen Andenken:

Da sind die drei filigran ausgeschnitten Papieranhänger, die ich vor Jahren in Kopenhagen in einem Geschäft mit dänischen Stickereien kaufte: Der von einem Kreis umschlossene goldene Strauch mit roten Blüten, das fünffach geteilte Gold-Herz, das auseinander geklappt werden kann, und das rote Engelchen mit apart geschnittener Schmuckborte an Rocksaum und Flügel.

Auch zwei grünrote Stoffsterne mit zahlreichen Bildchen von Ilex und Mispel, beide ein wenig ausgepolstert und mit roter Kante genäht, lege ich in das Gezweig. Sie erinnern mich an eine Adventsfeier der Frauengemeinschaft unserer Gemeinde, bei der ich sie als Geschenk erhielt. Die Spitze des Straußes schmücke ich mit einer Glocke aus weißer Klöppelspitze, die mir eine liebe Bekannte von einer Reise ins Erzgebirge mitgebracht hat.

Besonders lieb sind mir zwei Weihnachtssternblüten aus rotem Filz mit gelben Perlen in der Mitte, denn sie sind vor vielen Jahren von meinen Söhnen für mich zum Fest gebastelt worden. Sogar ein Schmuckteil aus der Kindergartenzeit der Jungen findet seinen Platz: Hier wurden viele kleine Ringe aus rot-goldener Folie zu einem eigenartigen Stern aneinander geklebt.

Daneben hänge ich einen zwölfzackigen Stern aus weißer Vlieseline, der sich schon lange in unserer Familie befindet. Verbliebene Lücken fülle ich mit schlichten, selbstgebastelten Strohsternen.

Jedesmal, wenn ich ins Zimmer komme, freue ich mich an dem Strauß, bedeutet er mir doch Rückblick und Zukunft: Rückblick wie gerade dargestellt, Zukunft, weil ich ihn jedes Jahr in je eigener Weise neu gestalte – so wie wir zwar wir selbst bleiben, aber doch immer wieder Entwicklung erfahren.

Hermann Hartmann

Ärger um einen Weihnachtsbaum

„Heiner, du musst endlich den Christbaum besorgen", drängte Mutter Kröger ihren Sohn, „morgen ist schon Heiligabend!" – „Ja, das wird heute noch erledigt", brummelte Heiner vor sich hin. „Dass du aber auch immer alles bis zum letzten Augenblick aufschieben musst!", setzte die Mutter noch hinzu.

Heiner hatte keine Eile, schließlich hatte er schon eine schöne Fichte in Aussicht, die er kürzlich auf dem Waldspaziergang ins Auge gefasst hatte. Und das „Besorgen", von dem seine Mutter gesprochen hatte, nahm er auch wörtlich, er wollte nämlich, wie in jedem Jahr, im Staatsforst den Christbaum umsonst holen. Bei Anbruch der Dämmerung stapfte Heiner los, hinter sich her zog er den Schlitten über den schneebedeckten Weg. Auf dem Schlitten war, in einem Sack versteckt, die Säge befestigt. Mit großen Schritten näherte er sich dem Wald und verschwand darin. Weit und breit war niemand zu sehen. Bald hatte er die besagte Stelle erreicht, wo sein Prachtbaum stand. Erst einmal schüttelte er mit einem kräftigen Ruck den Schnee von den Zweigen, dann griff er zur Säge und „ritsche, ratsche" klang es durch den stillen Wald. Das Bäumchen knickte ein und lag bald auf der Erde.

„So geht das aber nicht!", vernahm Heiner in diesem Augenblick hinter sich eine barsche Stimme. Er zuckte zusammen. Im Dämmerlicht erkannte er den Revierförster Rath mit seinem Hund Hasso. Er musste ganz in der Nähe gewesen sein und sich unbemerkt genähert haben. Was war jetzt zu tun? Weglaufen konnte Heiner nun nicht mehr. Er blieb wie angewurzelt stehen und brachte kein Wort heraus. „Der Krug geht solange zum Brunnen, bis er bricht", hörte er den Förster sagen. „Das ist doch sicher nicht der erste Christbaum, den Sie mir aus dem Forst entwenden!" Da hatte er zwar Recht, aber das konnte Heiner jetzt nicht zugeben. „Können Sie nicht noch einmal ein Auge zudrücken?", fragte er mit zitternder Stimme, als er ein wenig den Schreck überwunden hatte. „Da gibt es nichts zuzudrücken!", entgegnete Förster Rath. „Sie kommen mir bekannt vor, Sie waren doch neulich beim Holzverkauf dabei; aus Ihrem Dorf holen jährlich noch mehrere auf diese Art ihren Christbaum, das muss ein Ende haben! Sie zahlen jetzt als Strafe 30 Mark oder ich zeige Sie an!"

Da wurde es Heiner trotz der Kälte warm um die Nase. Woher sollte er 30 Mark nehmen für einen Baum, den er doch umsonst holen wollte? Er kramte in seinen Taschen und fand tatsächlich einen vergessenen 20-Mark-Schein. Erleichtert atmete er auf. Er reichte dem Förster das Geld mit der Bitte, es damit gut sein zu lassen. Als dieser auch tatsächlich zögernd darauf einging, fragte Heiner mit aufgesetzter Unschuldsmiene: „Kann ich dann auch für das Geld den Baum mitnehmen?" Da hatte er aber die Geduld des Försters überfordert! „Der Baum bleibt hier, und Sie verschwinden schleunigst aus dem Wald, sonst wird mein Hund noch ein wenig nachhelfen!" Heiner ergriff schnell seine Säge und verließ stillschweigend Hals über Kopf ohne sich umzusehen mit seinem Schlitten den Wald.

Unterwegs wurde ihm klar, was er von seiner Mutter zu erwarten hatte, wenn er mit leeren Händen nach Hause kam. Bei Dunkelheit erreichte er das nur trüb erleuchtete Dorf, niemand achtete auf ihn. Sein Weg führte ihn zum Bauern Baumann, der für zehn Mark auch Christbäume anbot. Hier suchte er sich im Dunkeln vom Restbestand eine Fichte aus, versprach das Geld am nächsten Tag zu bringen, zog den Baum auf dem Schlitten nach Hause und stellte ihn in den Schuppen. Den Fragen der Mutter wich er aus mit dem Hinweis, der Auftrag sei ausgeführt.

Als Mutter Kröger und ihre Tochter Maria am nächsten Tag den Christbaum schmückten, klagten sie heftig darüber, dass aus dem windschiefen Strunk kein Prachtstück werden wollte. „So einen Garderobenständer haben wir ja noch nie gehabt, wo hast du den denn nur hergeholt?", fragte ärgerlich die Mutter. Heiner zog die Ohren an den Kopf, murmelte etwas, was die Mutter nicht verstehen konnte, und verschwand aus dem Haus. Er nahm sich vor, im nächsten Jahr frühzeitig bei Bauer Baumann einen billigen, aber auch gut gewachsenen Christbaum zu kaufen. In diesem Jahr war er nämlich neben allem Ärger auch noch dreifach zu teuer geworden!

Anton Riesel

Dat Schönste was doi Woihnachtsbam

Woinachten wie et froher was,
dat will ik juk vertellen.
Schnoi sieker jümmer biuten lag,
in düsse Toit et ühne gav,
up Wesen, in Fellern un Wällern.

Dat Schönste was doi Woinachtsbam
in iuse besten Stäawen.
Woi sähen ühne in'nen Dram,
dat Christkind niu wal balle kam
mehe Engelkens van bäawen.

Doi Mamme was an Plätzkes backen.
Woi Blaohen moßten helpen.
Woi droften ak doi Nüte knacken,
doi Keahern mehen Meste hacken
bis henne teon Kögge, melken.

Wenn dann doi hilige Äwend kamm,
moßten woi inne Küken toiwen.
Woi soiten uppe langen Bank.
Doi Toit se wurde us seo lang,
dea hinnere Kuakmaschoinen.

Wenn doi Schellen was an klingen,
droften woi inne grate Stäawen.
Wat würd dat Chriskind us wal bringen?
Doi Vaohe sähe niu ois meal singen,
dann niehmet jeohe Gäawen.

Dat Glücke, wie was'et seo grat,
deameals in jene Toit.
Woit lag dea na det Lewens Nat,
doi Hiargott gaff dat täglich Brat.
Wie würn woi doch seo roik.

Klaus Terstesse

Wir stehen alle draußen vor der Tür

Der Kern der Weihnachtsfestes ist und bleibt für mich die Frohe Botschaft, die der Engel des Herrn den Hirten draußen vor den Toren Betlehems übermittelte: *„Fürchtet euch nicht, denn ich verkünde euch eine große Freude, die dem ganzen Volk zuteil werden soll: Heute ist euch in der Stadt Davids der Retter geboren; er ist der Messias, der Herr ..."* (Lukas 2, 9–11). Diese beeindruckende Aussage ist der Grund all unserer Hoffnung.

Gerade deshalb lasse ich mir von niemandem einreden, dass die Not dieser Welt uns kaum mehr Raum für weihnachtliche Freude lässt. Wenig einfühlsam warnen die Propheten des Unheils vor allzu großer „Weihnachtsseligkeit"; sie verböte schon die Tatsache, dass Maria ihr Neugeborenes in eine Futterkrippe habe legen müssen, *„weil in der Herberge kein Platz für sie war"*. Wir wollen doch die nüchterne Feststellung des Nebensatzes nicht überbewerten: In aller Welt sind die Unterbringungsmöglichkeiten in kleinen Ortschaften nun einmal begrenzt.

Das Spiel von der „Herbergssuche", das immer noch in Krippenfeiern unsere „harten Herzen erweichen" soll, stellt die (haus)besitzenden Schichten Betlehems (und Betlehem ist überall!) leichtfertig als „ungastlich", ja „selbstsüchtig" dar. Daher – so hat man uns weisgemacht – ergehe eben nicht an sie, sondern an die Hirten „draußen" auf dem Felde, an die „Außenseiter" die Botschaft aus Engelsmund. Dass sie jedoch nach ihrem Wortlaut *„dem ganzen Volk zuteil werden soll"*, wird dabei einfach übersehen.

Um uns das Elend in dieser Welt vor Augen zu führen, bedarf es keines Aufbaus zusätzlicher „Unheilsszenarien" in unseren Weihnachtsgottesdiensten: Aus Presse und Fernsehen springt uns die Not der Menschen wenigstens in der Ferne alltäglich an. Und wir brauchen uns auch nicht einseitig in die Rolle der „selbstsüchtigen" Herbergswirte drängen zu lassen, nur weil es uns „besser" ginge als den anderen. Wenn wir uns schon typisieren lassen, so dürfen wir uns durchaus auch in der Rolle der Hirten sehen: *Irgendwo steht doch jeder von uns „draußen vor der Tür"* – mit seinen Fragen, seinen Ängsten und mit seinen Bedürfnissen, mögen sie bei uns auch eher seelisch als materiell sein. Irgendwie bedarf doch jeder der Erlösung durch den Retter, den Messias, den Herrn!

Ich erwarte gerade zu Weihnachten eine heil-verkündende „Seelsorge", die uns nicht weiter das Fürchten lehrt, sondern – getreu dem Engelswort – die Furcht aus unseren Herzen vertreibt: Ich plädiere also für mehr Zuspruch und mehr

Mutmachen – anstelle wie auch immer gearteter Vorwürfe und Vorhaltungen. Denn ich vertraue darauf, dass ein Mensch, dem Zuversicht geschenkt wurde, sich leichter dem anderen zuwendet als der, dem man (nur) ins Gewissen redet.

Not-wendende Mildtätigkeit und nachhaltige Strukturveränderung brauchen gleicherweise aufgeschlossene, eben „er-löste" Herzen – nicht noch mehr bedrückte und geängstigte. Denn wer an die eigene Erlösung durch den Mensch gewordenen Sohn Gottes glaubt, dürfte sich leichter auf den Weg zur seelischen wie materiellen „Er-lösung" seiner Mitmenschen machen. Der selbst Beglückte wird seine Seligkeit gern mit anderen teilen, zumal geteilte Freude unversehens vom Empfangenden zum Gebenden zurückfließt ... Bitten wir also den Herrn, dass er uns Trost und Hilfsbereitschaft schenkt – und Prediger, die uns mit den Engelscharen von Betlehem den Frieden der Weihnacht verkünden!

HANS-JOACHIM CHOLLET

Wünsche zu Weihnachten

Kurz vor den Weihnachtsferien: Frau Wiegand liebte diese Stunden in ihrer Klasse. Da saßen die Jungen und Mädchen angeregt und aufgeregt zusammen, und die angezündeten Kerzen strahlten in die Gesichter und brachten schon einen Hauch der kommenden Festtage. Gerade hatten die Kinder ihre Wünsche aufgeschrieben – jetzt durften sie sie vorlesen.

„Ich wünsche mir ein Piratenschiff", sagte Frank zuversichtlich.

„Ich wünsche mir ein neues Fahrrad", trumpfte Nicole auf.

„Ich wünsche mir eine Autorennbahn", freute sich Christian.

„Und was wünscht du dir?" ermunterte Frau Wiegand ihren Spätaussiedler Waldemar.

„Ich möchte richtig deutsch sprechen", sagte er leise, aber alle hatten es gehört. Der Nächste stockte etwas, aber dann sagte Michael: „Ich möchte, dass meine Oma wieder gesund wird", und Frau Wiegand stellte mit Erstaunen fest, dass auch die nächsten Wünsche etwas ganz anderes enthielten als das, was ihre Schüler aufgeschrieben hatten. Nein, Erstaunen war es nicht, eher Ergriffenheit. Sie merken es doch noch, stellte Frau Wiegand dankbar fest. So darf Weihnachten wieder kommen...

Weihnachten

Walter Strümper

Das verlorene Christkind, oder es ist alles wohl geordnet

Nach einer wahren Begebenheit aufgezeichnet

Die nachfolgende Geschichte hat sich in einer nicht fernen Vergangenheit zugetragen. Das gemeinschaftliche Leben war geregelt. Es gab kaum noch Lebensbezüge, deren sich öffentliche Stellen oder halböffentliche Hilfsorganisationen nicht annahmen oder sich angenommen hätten. Die Geschichte erzählt von Menschen, die ihrer Zeit unterworfen waren und unter ständigem Stress kaum zur Besinnung kamen.

Für Arme gab es Sozialhilfe, für Arbeitslose Arbeitslosenhilfe oder -unterstützung, für die Kranken vielfältige stationäre und ambulante Pflegedienste mit in Mark und Pfennig zu berechnender Wirtschaftlichkeit, für Alte, Behinderte, Süchtige, geistig Verwirrte und Depressive viele Hilfsangebote. Einwanderern und Asylbewerbern begegnete man mit der gebotenen Zurückhaltung und dem Ziel, möglichst viele bald wieder los zu werden.

Bei allen diesen Aktionen und Diensten war aber den Menschen der Nächste abhanden gekommen. Denn die Frage: „Wer ist denn dein Nächster?", wurde vielfach beantwortet mit dem Hinweis, wer dafür zuständig sei. Und so kam es, dass sich viele Menschen einsam und unverstanden fühlten, zumal die in Nanosekunden aufgeteilte Zeit keinen Raum mehr ließ für Stunden, die man früher mit Besinnungsstunden bezeichnen konnte. Selbst die Dienste der Kirchen boten nicht mehr den Raum und vielleicht auch nicht mehr den Anreiz, für Gott und den Nächsten einzustehen. Wie gesagt: Es war alles so wunderbar geordnet. Alles war gut, wenn ..., ja wenn?

In der Pfarrgemeinde der Kleinstadt B. wurde in diesen Jahren die Frage heiß diskutiert, ob es denn überhaupt noch opportun sei, eine Krippe aufzustellen. Die alte bisherige Krippe hatte ausgedient. Dem Jesuskind war ein Ohr abgeschlagen, Marias betende Hände waren verstümmelt, und Josef stand ohne seinen Hirtenstab recht unbeholfen da, fehlte ihm doch die Stütze, die viele Jahre lang das Attribut seiner besonderen Würde ausmachte. Ochse und Esel waren ramponiert und die Hl.-Drei-Könige erst: Das einzige Kamel war bei einem Sturz zerbrochen, die

Gaben Gold, Weihrauch und Myrrhe waren als Geschenk nicht mehr zu erkennen; der Stall, eine offene Scheune mit eingefallenem Dach und abgebrochenen Balken, so dass Verkündigungsengel und Stern nicht mehr befestigt werden konnten. Alles das bot sich den Pfarrherren dar, jedes Jahr zu neuem Ärger. Also entschloss sich Pfarrer G., einen berühmten Künstler in der nahen Großstadt aufzusuchen. Wenn schon eine neue Krippe, dann eine von einem großen Kunstschaffenden. Der Bildhauer D., von der Idee fasziniert, machte sich sofort ans Werk, erstellte einige Skizzen zu einem großen Kunstwerk. Der Preis, so glaubte er feststellen zu müssen, sei angemessen. Man müsse ca. 15.000 DM aufbringen, wenn es ein Kunstwerk werden solle. Schließlich ginge es neben der manuellen und handwerklichen Fertigkeit darum, dem Geist des Evangeliums entsprechend die Geburt des Herrn Jesus darzustellen. Das brauche Zeit und Geld.

Der Pfarrer kehrte in seine Gemeinde zurück. Er berichtete von dem Ergebnis seiner Reise, stellte die Skizzen des Künstlers vor und erzählte mit Engagement von dem geplanten Werk. Einige Hürden gab es jedoch noch zu überwinden. Zunächst mussten Pfarrgemeinderat und Kirchenvorstand von der Notwendigkeit überzeugt werden. Es würde schwierig sein, die erforderlichen Mittel zu beschaffen, waren doch die Menschen durch die wirtschaftliche Entwicklung ärmer geworden.

So taten sich Kirchenvorstand und Pfarrgemeinderat sehr schwer, eine entsprechende Entscheidung vorzubereiten. Das Für und Wider wurde erörtert. Es war zu bedenken, dass gerade in der Weihnachtszeit viele Menschen aufgerufen wurden, für alle möglichen Notstände zu spenden, – auch wenn nicht immer sicher war, ob das gespendete Geld die Weltgegenden erreichte, für die es bereitgestellt worden war. Da war zudem auch das kirchliche Hilfswerk Adveniat, für das die erforderlichen Mittel in Lateinamerika zusammengetragen werden sollten. Und nun dieses! Spenden für eine neue Krippe? Auch war der Einwand von Frau C., der Vorsitzenden der Pfarrcaritas, in der Sitzung des Pfarrgemeinderates vorgetragen, nicht von der Hand zu weisen, man könne das Geld Armen im Dorf zur Verfügung stellen. Die Argumente gingen hin und her. Schließlich, so wurde von einer Mehrheit entschieden, hätten Gotteslob und würdige Ausgestaltung auch und gerade zur Weihnachtszeit ihre Bedeutung, weil die Menschen guten Willens etwas für ihr Herz und ihr Gemüt benötigen würden. Weihnachten sei auch ein Fest der Gefühle und der seelischen Erbauung in dieser kalten Welt.

Es wurde beschlossen, die neue Krippe in Auftrag zu geben und die erforderlichen Mittel durch Spenden bereitzustellen. Es gäbe in der Gemeinde wohlhabende Christen, die gerne spenden würden.

Weihnachten kam, die Krippe war tatsächlich fertig und, unter einem großen Laken verborgen, bereit, die Geburt unseres Herrn Jesus Christus zu verkünden.

Die Christmette begann. In der nur schwach beleuchteten und dunklen Kirche warteten die Christen auf die Verkündigung des Weihnachtsgeheimnisses.

Nun war es soweit, die Festlichter wurden entzündet, die Krippe erstrahlte in hellem Licht. Doch was war das? Der Pfarrer erschrak, mit ihm der Festklerus. Die Krippe leer. Das Christkind, das noch mittags von dem Küster gesichtet worden war, verschwunden. Enttäuschung hier, Lächeln und Schadenfreude dort. Es schien so, als ob das große Fest einen Riss bekommen hätte, in der das himmlische Geheimnis bildlich nicht offenbart werden könne.

Während Ratlosigkeit die Gläubigen erfasste, ging die große Kirchentür auf. Ein kleiner Junge kam herein, trug vorsichtig und zärtlich das Christkind auf dem Arm, ging zur Krippe und legte es hinein.

Erstaunt und überrascht ging der Vikar auf den Kleinen zu und fragte, warum, wieso und weshalb. Dieser, in seiner kindlichen Vorstellungswelt befangen, sagte, man wohne am Ortsrand, fernab von der Dorfgemeinschaft. Der Vater sei sehr krank, er sei immer betrunken und arbeitslos, seine Mutter, seit Jahren schwach und anfällig, bedürfe der Liebe der Kinder, deren es sechs gäbe. Die älteren seien schon aus dem Haus, er und zwei weitere würden noch bei den Eltern wohnen.

Vom Jesuskind habe der Pfarrer als dem Retter gepredigt. Da habe er sich gedacht, er wolle dem Kind einmal zeigen, wo seine Familie wohne und was sie so schmerzlich bedrücke. Nun, da der Besuch bei ihnen zu Hause beendet sei, trage er das Christkind zurück, weil er nun wisse, alles werde wieder gut.

In der Kirche war es ganz still geworden. Mit der unmittelbaren Not in Berührung gekommen, wurde mancher nachdenklich. – Ob es eine fröhliche Weihnacht geworden ist?

Luise Hensel

Krippenlied

Was ist das für ein holdes Kind,
das man hier in der Krippe find't?
Ach, solch ein liebes Kindelein,
das muss gewiß vom Himmel sein.

Die Frau, die bei der Krippe kniet
und singt dem Kind ein Wiegenlied,
das ist Maria, hehr und rein,
ihr mag recht froh im Herzen sein.

Der Mann, der an der Seite steht
und still hinauf zum Himmel fleht,
das muss der heilige Josef sein,
er wird sich auch des Kindleins freu'n.

Und was den Stall so helle macht
und was so lieblich singt und lacht,
das sind die lichten Engelein,
sie schau'n zu Tür und Fenster rein.

Und was dort in der Ecke liegt
und auf das Kindlein schaut vergnügt:
ein Öchslein und ein Eselein,
das müssen gute Tiere sein.

Und die dort kommen fromm und gut
mit langem Stab und rundem Hut,
das ist der Hirten fromme Schar,
sie bringen ihre Gaben dar.

Und die dort kommen ganz von fern
und gläubig schauen nach dem Stern,
das sind der heiligen Könige drei
mit Weihrauch, Myrrn und Spezerein.

Und ob dem Hüttlein flammt der Stern,
er leuchtet nah, er leuchtet fern.
Er leuchtet auch in unserer Zeit,
er leuchtet bis in Ewigkeit.

Sei hochgelobt du dunkles Zelt,
durch dich die ganze Welt wird hell.
Ein Kindlein in Mariens Schoß,
wie bist du so unendlich groß!

Aus: „Das Jahr der Gotteskinder",
mitgeteilt von Josefine Rinschen

Hildegard Eikel

Geschenke sind was Wunderbares

Über die Nutzlosigkeit vieler Geschenke
sind sich die Schenkenden
so wie die Beschenkten durchaus im Klaren.
Trotzdem wird immer wieder geschenkt,
was niemand in Wirklichkeit braucht.

Manche Gabe ist nicht wirklich ein Geschenk,
eher eine Belastung:
Der Beschenkte fühlt sich verpflichtet,
Dankbarkeit auszudrücken,
die er vielleicht gar nicht empfindet,
und dazu aufgerufen, nun seinerseits
bei der nächsten Gelegenheit
etwas zumindest Gleichwertiges zu überreichen.

Das sind Geschenke, die nicht von Herzen kommen,
und recht eigentlich niemanden erfreuen.

Geschenke sind was Wunderbares,
die, die von Herzen kommen,
die mit Liebe ausgesuchten;
sie können groß oder klein,
preiswert, teuer oder kostenlos sein.
Sie zaubern ein Lächeln auf das Antlitz
des Beschenkten und das des Schenkenden.
Sie weiten das Herz und bringen Licht
in dunkle Tage und Zeiten.

Manchmal sind es nur ein paar Worte,
Worte, die trösten, aufrichten oder
so gut tun, dass man die ganze Welt umarmen möchte.
Es kann ein Gebet sein, im Stillen gesprochen,
ein liebevoller Gedanke, ein Kartengruß, eine Spende.
Es darf auch eine dringend benötigte Waschmaschine sein,
wenn ich es mir erlauben kann.

Es darf alles das sein,
was nicht der Eitelkeit des Gebenden dient,
sondern die Not eines Mitmenschen lindert,
Freude im Herzen des Beschenkten entfacht
und die Liebe mehrt.

Geschenke sind was Wunderbares.
Wir alle sind Beschenkte,
ohne Unterlass Beschenkte von Gott,
der uns alles gibt, was wir sind und was wir haben,
was wir mit unseren Augen sehen und den Ohren hören,
mit dem Gaumen schmecken und der Nase riechen,
mit den Fingern tasten und dem Herzen fühlen.
Wir sind die täglich von neuem mit bedingungsloser Liebe
beschenkten Kinder des Allerhöchsten.

Lasst uns diese Gottesgeschenke
und allen voran das höchste Geschenk,
die Erkenntnis, dass Gott in jedem von uns wohnt,
die Geburt des Christus im eigenen Herzen,
mit großer Dankbarkeit annehmen.

Unser Geschenk an Gott ist das offene Herz
und unsere Bereitschaft, ihm zu dienen,
heute und jeden Tag,
mit all' der Liebe und Hingabe,
derer wir fähig sind.
Ich wünsche uns allen eine gesegnete Weihnacht.

Gertrud Adams

Als das Jesuskind auf der Flucht verloren ging

Odyssee einer alten Krippe von Schlesien nach Westfalen

Es ging wieder einmal auf Weihnachten zu. In Neusorge, dem kleinen schlesischen Dorf in der Grafschaft Glatz, war das Krippenschnitzen seit Generationen Tradition. Jede Familie hatte ihre eigene, oft mit dem Taschenmesser etwas grob geschnitzte Krippe, die inmitten einer weiträumigen Landschaftsszenerie alljährlich aufgebaut wurde. So geschah es auch wieder in den Vorweihnachtstagen des Jahres 1945 in dem hohen, spitzgiebeligen Haus in Neusorge, wo der Schriftsteller und Theologe Joseph Wittig (1879-1949) mit seiner Frau Bianca (1899-1998) und seinen drei Kindern lebte.

Der Vater hatte mit den beiden Söhnen Johannes und Christoph viel Moos aus dem Wald geholt, die Wohnstube musste ausgeräumt werden, und am Tag vor dem Heiligen Abend war es dann soweit: Zum letzten Mal wurde die große Wittig-Krippe in ihrer schlesischen Heimat aufgebaut. Schon damals hatten die Darsteller des weihnachtlichen Geschehens eine lange Geschichte.

Ein Urenkel des bekannten Albendorfer Krippenschnitzers, Longinus Wittig (1824-1895), hatte die Figuren Mitte des vorigen Jahrhunderts geschnitzt. Joseph Wittig erwarb sie erst in der Neuroder Bildhauerwerkstatt seines Vetters in den zwanziger Jahren.

In Wittigs späterer Erzählung „Meine neuen Heiligen Drei Könige" aus „Herrgottswissen an Wegrain und Straße" (1922) schildert er seine erste Bekanntschaft mit den frommen Gestalten: „Der Bildhauer brachte gut verpackt ein Jesuskindlein in der Krippe, eine kniende, gar süße Mutter Gottes, einen St. Josef, einen Gloriaengel und drei Hirten, einen mit seinem Weihnachtsstriezel, einen mit seinem weißen Schäflein, einen ohne alles, nur mit einem ganz frommen, in Anbetung versunkenen Antlitz, Maria und Josef in der altklassischen Gewandung, Tunika und Pallium, die Hirten dagegen wie rechte Grafschafter Bauern angezogen, mit Jacke und Hosen und breitrandigen Hüten und Schaftstiefeln. Welch ein Leuchten und Gleißen vor meinen Augen!"

Im Herbst desselben Jahres kaufte er auch noch die Heiligen Drei Könige. Davon berichtet der schlesiche Schriftsteller Folgendes: „Als ich im Herbst nach Neusorge kam, sah ich die Drei Könige fertig geschnitzt. Demütig kniete der greise Kaspar mit seinem Schleppenträger auf dem Brett in der Nebenstube, sein Krönlein hatte er vor sich niedergesetzt auf ein weiches, kleines Sofakissen. Hinter ihm stand Melchior mit dem Diener und Balthasar, dem man es schon am Gesicht und Kraushaar ansah. Sie waren aber alle noch ungefasst, das heißt weder bemalt noch vergoldet. Das ginge nicht, sagte der Meister. Die alte schöne Technik, erst echt vergolden oder versilbern und dann lasieren, koste zuviel Zeit und Geld ... Bis Weihnachten, dachte ich, ist ja noch eine lange Zeit, und ich habe ja noch einige gute Farben und Bronzen; so wie mein Großvater kann ich's schließlich auch.

Außer dem farbenprächtigen Lasieren der Figuren baute Joseph Wittig auch einen Stall, der den Ruinen des davidischen Königspalastes von Betlehem ähnlich sah. „Links durch ein verfallenes Tor führt der Weg nach Betlehem, auf dem allerhand Gestalten zu der hochgelegenen Stadt emporsteigen. Auch die Pferde, Kamele und Elefanten der Heiligen Drei Könige sind deutlich auf diesem Weg zu sehen. Rechts geht hinter einem morschen Zaun ein Weg nahe an meinem Neusorger Vaterhaus vorüber nach der Berghöhe, auf der den schwarzen, kleinen Silhouetten der Hirten der Engel mit den vielen Heerscharen erscheint und die Worte sagt, die ich seit meinem ersten Schuljahr nie ohne innerstes Glück nachsprechen oder niederschreiben kann: Fürchtet euch nicht; ich verkündige euch eine große Freude: Heute ist in der Stadt Davids der Heiland geboren! Ochs und Esel, welche von der Legende als rührende Symbole der Universalität der Erlösung gewählt worden sind, schauen aus den hinteren Gewölben der Ruine in die Szenerie des Vordergrundes", beschreibt Wittig seine Krippe.

Es war wieder die Zeit gekommen, dass sich wie alljährlich in der Weihnachtszeit Nachbarn und Freunde in Neusorge um die Wittig-Krippe versammelten. Sie war immer der heimliche Mittelpunkt des Ortes. Alte Weihnachtslieder wurden gesungen, obwohl allen die Angst vor einer möglichen Flucht und Vertreibung in den Gesichtern zu lesen stand. In den Tagen nach dem Christfest rückten die Kinder die Heiligen Drei Könige immer ein Stück näher an die Krippe, ehe sie sich nach dem Fest Epiphanie langsamer wieder entfernten. Jedes der drei Wittig-Kinder stellte auch immer alles, was es so Liebes hatte, an die Krippe. Vor allem unzählige, mit dem Taschenmesser selbst geschnitzte Schäfchen.

In dieser Zeit wurden gerade die aus den russischen Gebieten vertriebenen Polen nach Schlesien umgesiedelt. Eine angstvolle Vorahnung überkam die Familie, dass sie deshalb ihre Heimat verlassen müßte. Dennoch klammerten sich alle an die Hoffnung, bleiben zu können. Anfang März 1946 erfuhren die Wittigs dann, dass sie ihre Heimat Schlesien verlassen sollten. Da sie nur das, was sie auf dem Leib tragen konnten, mitnehmen durften, versuchten sie wenigstens die kostbaren Krippen-

Ins westfälische Meschede führte die Odyssee der alten Wittig-Krippe, vor der sich über 50 Jahre lang viele Menschen zur Weihnachtszeit versammelten.

figuren zu retten. Mutter Wittig verschnürte sie in Kopfkissen, mit dem Gedanken, dass jedes Familienmitglied davon eines mitnehmen dürfte. Aber es kam alles anders. In der Nacht vor der Vertreibung überfielen Polen das Haus. Sie plünderten alles, nahmen die Kleider der schlafenden Familie und auch die verschnürten Kissen mit, worin die Krippenfiguren versteckt waren. Die neue Kleidung bettelten die Kinder am nächsten Tag im Dorf wieder zusammen, doch die alten Krippenfiguren glaubte man für immer verloren. Wie groß war, trotz des bevorstehenden Verlustes der Heimat, die Freude der ganzen Familie, als Christoph, der Jüngste, zwei der Kopfkissen im nahen Feldgraben wiederfand. Die Polen hatten sie bei ihrem Beutezug verloren.

Mit bewegter Stimme erzählte Bianca Wittig, die am 13. Februar 1998 starb: „Noch am selben Tag mussten wir unser Haus verlassen. Als wir dann nach 14 Tagen Transport in einem Viehwagen im westfälischen Altena ins Quartier kamen und die beiden verschnürten Kopfkissen öffneten, waren unsere Maria und Josef, die

Heiligen Drei Könige, ein Hirte und zwei Schafe unversehrt darin geborgen. Nur das Jesuskind war auf der Flucht verlorengegangen. Glücklicherweise konnte der gleichzeitig vertriebene an die Weser evakuierte Schnitzer Augustin Wittig, ein Urenkel des Albendorfer Meisters, das Jesuskind, zwei Hirten und viele Schafe originalgetreu nachschnitzen. „So konnten wir in unserer Flüchtlingsstube, in der Lüneburger Heide, unsere Familienkrippe wieder aufbauen. Damit wurde für uns auch in der Fremde die verlorene Heimat wieder lebendig", erinnerte sich Bianca Wittig.

Nach Flucht und Vertreibung hat die rund 150 Jahre alte Krippe über 50 Jahre lang jedes Jahr zur Weihnachtszeit im westfälischen Meschede gestanden, wo Bianca Wittig mit ihren drei Kindern eine neue Heimat gefunden hatte. Neben ihrem Mann Joseph, der 1949 am Vorabend des Umzugs aus dem Flüchtlingslager nach Meschede starb, liegt sie auf dem Südfriedhof begraben. Die alte Krippe steht jetzt bei ihrem ältesten Sohn in Mainz.

Und wie damals versammeln sich alljährlich in der Weihnachtszeit bis Maria Lichtmess wieder Freunde, Nachbarn und Verwandte vor der alten Wittig-Krippe. Wenn dann das schlesische Weihnachtslied erklingt: „Kommt, wir gehen nach Betlehem ...", werden Erinnerungen wach, wie es damals war ...

Erinnerung an die Zeit vor Flucht und Vertreibung aus ihrer Heimat:
Familie Wittig im schlesischen Neusorge zur Weihnachtszeit.

Ferdinand Heitemeyer

Der Weihnachtsbaum

O Weihnachtsbaum,
mein Kindertraum
voll Licht und Herrlichkeit,
du rufst zurück
das reine Glück
der gold'nen Jugendzeit!

Wie dringt dein Schein
so mächtig ein
ins frohe Kindesherz!
Wie ziehst du hin
den frommen Sinn
so freudig himmelwärts!

Die Freude lacht
in heil'ger Nacht
aus jedem Aug' heraus,
bald laut, bald leis'
tönt Dank und Preis
in jedem Christenhaus.

Es ist die Nacht,
die uns gebracht
Licht, Frieden, Glück und Heil.
Im Jesuskind,
so lieb, so lind,
wird Leben uns zuteil.

Ja, Jung und Alt
zieht's mit Gewalt
zu jenem Krippenkind,
das stark und süß
das Paradies
der Welt zurückgewinnt.

O Tannengrün,
o Lichterglühn,
o reines Kinderglück,
dein gold'ner Strahl
ruft noch einmal
die Jugend mir zurück!

Claudia Auffenberg

Als Weihnachten längst abgeschafft war

Ich vermag nicht zu sagen, wann sich diese Geschichte zugetragen hat, die ich erzählen möchte. Vielleicht war es im vergangenen Jahr, vielleicht schon vor vielen Jahren, vielleicht wird es aber auch erst im kommenden Jahr sein. Ich weiß es nicht. Aber es ist eigentlich auch unwichtig, wann genau es geschehen ist, wichtig ist vielmehr, dass es eines Tages geschehen ist oder geschehen sein wird. Jedenfalls war es in einer Zeit, die der unsrigen sehr ähnlich war.

Und es war am Heiligen Abend.

Na ja, also es war nicht ganz der Heilige Abend. Ich müsste besser sagen, es war an dem Tag, der früher einmal der Heilige Abend gewesen war. Denn die Menschen hatten Weihnachten längst abgeschafft. Die Älteren konnten sich noch an das Fest erinnern. Und sie konnten sich auch noch daran erinnern, warum man es abgeschafft hatte.

Das Weihnachtsfest war nämlich völlig sinnlos geworden. Bis zuletzt hatte es als das Fest des Friedens und der Liebe und des Miteinander gegolten. Aber in Wirklichkeit hatte es kaum noch wirklichen Frieden auf der Welt gegeben, den man hätte feiern können, oder wirkliche Liebe oder wirkliches Miteinander. Nein, all das gab es nicht mehr. Unter den Menschen herrschte Krieg, Kälte und Einsamkeit. Auch der alte Brauch, einander zu Weihnachten etwas zu schenken, hatte sich vollkommen abgenutzt. Jeder hatte eigentlich alles, was er brauchte, oder er kaufte es sich lieber selbst und was der andere brauchte, nun, woher hätte man das wissen sollen?

Also hatten die Menschen einmal nachgedacht und in einem klugen Beschluß Weihnachten abgeschafft. Jeder konnte den Dezember nun in Ruhe, ohne Stress, für sich allein verbringen. Alle Menschen empfanden das als sehr angenehm.

Doch zurück zu jenem 24. Dezember. Plötzlich geschah nämlich etwas Merkwürdiges. Mit einem Mal wurde das Fernsehprogramm unterbrochen und auf allen Kanälen war nur noch ein Mann zu sehen, der Folgendes sagte:

„Meine Damen und Herren, bitte, beunruhigen Sie sich nicht. Wir unterbrechen das Programm für eine wichtige Mitteilung. Wie soeben gemeldet wird, ist heute der Retter geboren. Da es sich vermutlich um denjenigen handelt, der uns alle aus der Krise führen kann, sind Polizei und Bundeswehr bereits auf der Suche. Man könne ihn daran erkennen, so heißt es in der Meldung, dass er in Windeln gewickelt in einer Krippe liege. Um ihn schneller zu finden, wird die Bevölkerung aufgefordert, sich an der Suche zu beteiligen."

Dann ging das Programm weiter.

Die Menschen waren zunächst erschrocken und ratlos. Was war geschehen? Hatten sie geträumt? Und was sollten sie jetzt tun?

Es dauerte eine Weile, bis die ersten Menschen aus ihren Häusern kamen, um die Nachbarn zu fragen, ob sie das Gleiche erlebt hätten. Und tatsächlich, sie hatten das Gleiche erlebt, ja, alle hatten das Gleiche erlebt.

Immer mehr Menschen kamen auf die Straße und bald schon war das ganze Land auf den Beinen. Überall waren Menschen zu sehen, wie sie miteinander diskutierten, wie sie sich gemeinsam auf die Suche machten, wie sie die Fernseher ausschalteten, um es mit eigenen Augen zu sehen. Sie suchten in allen Häusern, in manchen fanden sie Alte und Kranke und Einsame, die schon seit Jahren keinen Besuch mehr bekommen hatten. Und auf einmal spürten die Menschen, wie Kälte und Finsternis aus ihren Herzen verschwanden und Wärme und Helligkeit einzogen.

Bald darauf wurde das Weihnachtsfest wieder eingeführt und seitdem ist es auch wieder das Fest des Friedens, der Liebe und des Miteinander.

Wie gesagt, ich vermag nicht zu sagen, wann dieses geschah, aber es war in einer Zeit, die der unsrigen sehr ähnlich war.

Lucia Cors

Die Krippe des Einsiedlers

Es war im Oktober des Jahres 1941. Der Krieg in Rußland hatte im Sommer begonnen. Obwohl wir Kinder bei politischen Themen von den Gesprächen der Erwachsenen ausgeschlossen waren, spürten wir deren große Verunsicherung. Die Väter und älteren Brüder der Familien waren zumeist an der Front.

Die Wallfahrt nach Trebnitz stand wieder bevor. Daher waren es diesmal die Frauen der Gemeinde, die sich am 17. Oktober, dem Festtag der heiligen Herzogin von Schlesien, nach Trebnitz aufmachten. Ich durfte zusammen mit einigen Schulkindern mitfahren.

Die heilige Hedwig hatte ihre letzten Lebensjahre dort verbracht, war im Jahre 1243 dort gestorben und auch begraben worden. Schon bald nach ihrer Seligsprechung im Jahre 1267 wurde dieser Ort zu einem der wichtigsten Wallfahrtsziele im Mittelalter.

Wir fuhren mit dem Zug. Es war ein grauer, regnerischer Tag. Mit großem Staunen betraten wir Kinder die Trebnitzer Kirche mit der prachtvollen, barocken Gestaltung der Begräbnisstätte. Die Mutter hatte uns Kindern vom Leben der heiligen Hedwig erzählt. Diese hatte große Kraft bewiesen, als der Mongolenkrieg in Schlesien tobte und sie ihren eigenen Sohn tot und geschändet auf dem Schlachtfeld sehen musste.

Nach dem Gebet in der Kirche schloss sich der Kreuzweg an, der durch den angrenzenden Buchenwald führt. Die Kapellchen, ähnlich den Heiligenhäuschen, die wir im Delbrücker Land finden, endeten bei der Einsiedelei. In der Gruppe der Erwachsenen waren wir Kinder kaum bemerkt worden. Bei den Trauergesängen versuchten wir im Hintergrund zu bleiben. „Lamm Gottes, am Stamm des Kreuzes geschlachtet", sangen die Pilger.

Wie sollten wir Kleinen dies dramatische Geschehen begreifen können?

Und dann – die Krippe des Einsiedlers! Er wartete an der Tür auf uns, mit einer Mönchskutte bekleidet. Der Bart reichte ihm bis auf die Brust. Ein Zimmer seiner kleinen Behausung war ausgefüllt mit der Krippe, die er selbst geschaffen hatte.

Auf verschiedenen Ebenen hintereinander, wie auf einem Hügel, gestaffelt bis zur Zimmerdecke hinauf standen Häuser und Paläste, aus Sperrholz gesägt und hellbunt bemalt. Dazwischen Bäume, Palmen vor allem, es sollte ja Betlehem, eine orientalische Stadt, dargestellt sein. Im Vordergrund „Betlehems Stall", doppelt so groß wie die anderen Gebäude. Hier war das Wichtigste: Das Kind in der Krippe, seine Mutter Maria und Josef, der an der Tür stand. Hoch über der Stadt, damit jeder ihn sehen konnte, an einer Kordel schwebte der Weihnachtsengel im weißen Gewand. Und die Zimmerdecke war übersät mit goldenen Sternen, großen und winzig kleinen.

Das Interessanteste aber war, dass sich durch das ganze Gelände ein Laufband bewegte. Es konnte wie ein Uhrwerk betätigt werden. Als der Einsiedler es in Bewegung versetzte, liefen die Menschen und Tiere, die Hirten mit den Schafen, die drei Könige mit Kamel, Dromedar und Pferd, Hunde, Katzen, Gänse, immer wieder Kinder und Schafe, sehr lebendig über Brücken und an gefährlichen Schluchten vorbei zur Krippe hin. – Die ganze Welt, so schien es uns, hatte der Einsiedler in seine Klause geholt. Ohne Schnee und Tannenbaum, Weihnachtslieder und Glockenläuten war uns das Geheimnis von Weihnachten durch diese Krippe nahegebracht worden.

Heute gehört dieser Teil Schlesiens zu Polen. Der Einsiedler starb 1946, ein Jahr nach Kriegsende. Er wurde bei der Kapelle im Buchenwald beerdigt. Von seiner Klause und der Krippe ist nichts erhalten geblieben. Sie wurde geplündert und in der Silvesternacht in Brand gesteckt. Eine neue Einsiedelei ist gebaut worden, wieder an der Stelle, wo die alte gestanden hatte.

Sr. Bartholomaea Multhaupt

Hodie – Heute

Heute geht der Stern aus der Familie
des erwählten Herrscherhauses auf.
Heute öffnet sich die reine Lilie,
nimmt die Sonne ihren Siegeslauf.

Heute wird der Erde weggenommen
alter Sünden schwerererbter Schuld,
heute wird im gnadenreichen Kommen
unsres Herrn die Welt geweiht in Huld.

Heute steigt von hohem Himmel nieder
sel'ger Friede auf die ganze Erd',
heute wird verstoßnen Menschen wieder
Kindesrecht im Vaterhaus gewährt!

Heute tauen alle Berge Segen
und die Quellen singen fern und nah,
in den Wäldern herrscht ein großes Regen
und die Bäume jauchzen: Er ist da!

Heute küssen sich im heil'gen Bunde
Erd' und Himmel voller Seligkeit,
bräutlich harrt die Erde ihrer Stunde,
die die Liebe ihrer Liebe weiht.

Josef F. Spiegel

Dat Buemeken

„Morgen ist Heilig Abend, und wir haben noch keinen Baum", sagte meine Frau mit unüberhörbarer Ungeduld. „Und das ist nun das erste Weihnachtsfest in unserer Ehe."

„Ich hatte bis gestern noch Schule", wusste ich als Entschuldigung vorzubringen. Eigentlich war die Entschuldigung stichhaltig, denn als Dorfschulmeister in einer einklassigen Schule, der dazu noch Junglehrer war, konnte ich mich wahrlich nicht wegen Arbeitsmangel beklagen. Und vor Weihnachten kam alles zusammen: Die Vorbereitung einer Roratemesse, das Basteln von Geschenken für die Eltern der Kinder, die letzten Klassenarbeiten für das Halbjahreszeugnis.

Der wahre Grund für meine Säumigkeit lag woanders: Ich wusste nicht, wie ich an einen Weihnachtsbaum kommen sollte. Dabei lag das Lehrerhaus am Waldrand. Natürlich hatten wir schon in Erfahrung gebracht, dass man sich in den Dörfern des Sauerlandes den Baum einfach so aus dem Wald hole. Wie sollte man auch sonst darankommen. Einen Händler, der die Bäume von Haus zu Haus anbot, gab es damals, im Jahre 1959, noch nicht. Ich hatte einfach Hemmungen, uns auf diese Weise einen Baum zu verschaffen. Die Bedenken waren weniger moralischer Art, obwohl ich im Kriege einmal für meine jüngeren Geschwister einen Baum gestohlen hatte, der schon zu groß war, um noch als Weihnachtsbaum zu gelten. Mein Großvater nannte so etwas „Baumfrevel". Meine Bedenken betrafen das Bild vom Lehrer im Kapellen-Dorf: die kulturelle und religiöse Instanz schlechthin. Was jeder ohne Schaden tun konnte, z. B. auf dem Schützenfest einen oder mehrere über den Durst zu trinken, das hätte man dem „Lehr" böse angekreidet.

Am Morgen des Heiligen Abends fasste ich mir ein Herz und ging schnurstracks zu dem Bauern, dem die Tannenschonung gehörte, die hinter dem Lehrerhaus den steilen Dümberg hinaufwuchs. Unterwegs fiel mir ein, dass es da im Herbst zwischen mir und dem Bauern einen Streit gegeben hatte. Er hatte mir erklärt: „Wenn ich Kartoffeln ausmachen will, dann hole ich meinen Jungen aus der Schule. Ich lasse mir nicht von der Schule vorschreiben, wann ich wegen der Herbstferien Kartoffeln auszumachen habe." Die Drohung war unüberhörbar. Ich wusste aus der Schulgeschichte, dass die Bauern ihre Kinder früher, als die Schule noch Pfarrschule war, den ganzen Sommer nicht zur Schule gehen ließen.

Die Erinnerung an diese Zeiten waren also bei meinem Bauern noch in guter Erinnerung. Die Tradition auf einem Dorf lebt lange! Ich hatte damals den Vater an die staatliche Schulpflicht erinnert und ihn darauf aufmerksam gemacht, dass er sich strafbar mache. Ich hatte den Stier dann gleich bei den Hörnern gepackt und ihn gebeten: „Als Städter weiß ich nicht, wann die Kartoffeln reif sind. Sie sind einer der wenigen Bauern, die ganz von der Landwirtschaft leben. Setzen Sie den Termin fest, und ich melde ihn dann als Schulleiter dem Schulrat nach Arnsberg als Beginn der Herbstferien in unserem Dorf. Dann können alle Kinder Ihnen beim Kartoffelauflesen helfen." Diesmal war also der Konflikt vermieden worden.

Was würde mich heute bei dem alten Bauern erwarten?

Die Bäuerin führte mich in die gute Stube, die eigentlich dem Pastor und anderen „Haugen Hiärrn" vorbehalten war. Als ich dem Bauern mein Anliegen vorgetragen hatte, sagte er: „Herr Lehrer, jetzt muss ich mich erst einmal setzen. Unser Dorf ist fast 1000 Jahre alt. Sie sind jetzt der erste, der nach einem ‚Buemeken' fragt. Es ist Ihr gutes Recht, einen Weihnachtbaum zu schlagen. Und ich muss Ihnen dankbar sein, wenn Sie nicht gerade eine Randtanne fällen, die stehen bleiben muss."

Dankbar und erleichtert ging ich nach Hause, holte die Schwedensäge aus dem Keller, kündete meiner Frau den schönsten, feinsten und frischesten Weihnachtsbaum der Saison an.

Die „Tännekes" wären alle würdig gewesen, das Weihnachtsfest zu verschönen. Aber es war eigenartig, je mehr ich zur Auswahl hatte, desto wählerischer wurde ich. Ich hatte die Worte meiner Frau im Ohr: „Er sollte nicht sehr groß sein, schön und gleichmäßig gewachsen. Seine Spitze soll nicht rausgewachsen sein. Sie sollte dem Bäumchen seine natürliche Bekrönung geben."

Ich stieg immer höher den Berg hinan. Je weiter ich das Dorf unter mir ließ, desto ruhiger wurde es, auch in mir. Alle Last des Alltags, alle Hektik fielen von mir ab. Ruhe kehrte in meine Seele ein und ein Friede, der schon ein Vorgriff auf die Engelsbotschaft der Christmette war.

Nach drei Stunden hatte ich das „Buemeken" gefunden. Meine Frau war entzückt: „Jetzt können wir unsere erste Weihnacht miteinander feiern."

Ich hatte gerade den Baum eingestielt, da ging die Hausglocke. Der Bürgermeister stand mit einer stattlichen Tanne in der Tür. Er war im Hauptberuf Waldarbeiter und hatte nach Feierabend im Vorbeigehen noch einen Weihnachtsbaum geschlagen: „Ich dachte, du mußt doch als Nachbar und Bürgermeister dafür sorgen, dass Lehrers ihr ‚Buemeken' zu Weihnachten haben."

Für uns fing das Weihnachtsbaum-Problem wieder von vorne an.

ANTONIA KLAHOLZ

Weihnachten

Et gaff in moinen Kinnerdohen
Familien hoi met vielen Blohen.
Däa wass doch mankmäal grate Nat (Not)
Et foihle oft dat däglick Brat.

Geld harr Mamme sülwsst nich,
äwwern roikgedeckten Disk,
woil, woi nich betohlen kun,
brochte Naturalien ran.

Wenn dann kamm doi Woihnachtstoit
wußt ick jümmer oll Beschoid.
Wenn et biuten duister wass
moßt ick met moin Kürfken las,

brochte Speck und Schinkenknuaken,
Wust und Matt und Wustesoppen,
Kinnerwäschke, Schürten, Socken.
Ollens kunen doi Luhe briuken.

Doch oinmäal moi datt Hierte kloppe,
ass ick moine grate Puppe
moßte bringen wacker henne
hoi na Tante Lina denne.

„Diu biss teon Spielen viel teo grat,
Tante Lina hätt seo ohre Nat.
Ohr Blohe möchte doch seo gern
van Christkind oine Puppe hämm."

Moi wurd ümmet Hierre iergerlick:
„Ick giewe moine Puppen nich!"
Doch moine Mamme brocht moi boi,
wie schön doch aak dat Schenken hoi.

Biuten wass et wrietelig
un koin bieten woihnachtlick,
ass ick moßte springen,
Tante Lina moine Puppen bringen.

Doch dann wurd et moi
ümme Hierte worm,
ass moi Tante Lina namm innen Orm.
Ick sprang na Hius mit flinken Foiten,
woihnachtlick wasst moi teo Meote.

Alfons Bambeck

Das Borbecker Christkind

Larissa hatte es sich, ein Kissen im Arm, in der Ecke des Sofas gemütlich gemacht. Von dort aus beobachtete sie die Lichtspiele, die draußen vorbeifahrende Fahrzeuge an die Zimmerdecke malten. Nebenan hörte sie die Eltern leise sprechen und kichern. Sie bereiteten jetzt das Weihnachtszimmer vor, das am Abend wieder herrlich anzusehen sein würde. Leise, als wollte sie den Frieden und die wohlige Stimmung nicht stören, fragte Larissa: „Großmutter, wir feiern jedes Jahr den Geburtstag des Christkindes. Wird das Christkind denn jedes Jahr erneut geboren?"

Großmutter legte ihr Strickzeug zur Seite und blickte zu Larissa herüber. „Eine interessante Frage für ein zehnjähriges Mädchen", begann sie nach einer nachdenklichen Pause. „Eine wirklich interessante Frage auch für mich", fuhr sie fort. „Darauf weiss ich so schnell keine Antwort", gab sie ratlos zu. „Aber lass mich nachdenken!"

Larissa hatte die Augen geschlossen. Die heimelige Stimmung hatte sie schläfrig gemacht. Da sah sie einen gutgekleideten Mann auf das kleine Hotel zukommen. Er hatte einen kleinen Koffer in der Hand und betrat die Rezeption.

Der Inhaber des Hotels, gleichzeitig auch Portier, begrüßte den Mann freundlich. „Sind sie der König, den man uns angekündigt hat?", fragte er höflich. Der Mann lachte leise: „Keineswegs, doch ein König bin ich schon. In Fußballerkreisen nennt man mich den König des Strafraums. Ich bin Fußballtorwart." Auch der Portier lachte. „Drei Zimmer habe ich noch frei. Sie können also hier wohnen, wenn Sie wollen."

Der Mann bezog sein Zimmer.

Kurze Zeit später betrat erneut ein Mann das Hotel. Er trug mehrere kleinere Gepäckstücke bei sich. „Sind Sie der König, den man uns angekündigt hat?", fragte der Hotelier wiederum. „Gewiss bin ich ein König", antwortete der Mann lächelnd. Ich werde der König des Jazz genannt, bin also Jazztrompeter. Aber angekündigt hat mich bestimmt keiner. Ich bin Überraschungsgast bei einem Benefizkonzert."

„Eigenartig", murmelte der Hotelbesitzer. „Aber ein Zimmer können Sie haben. Es sind noch zwei frei."

Als es auf den Abend zuging, betrat wieder ein Mann mit kleinem Gepäck das Hotel. Der Mann sah sehr müde und abgearbeitet aus. „Eine dumme Frage", begann der Hotelier vorsichtig, „Sie sind nicht zufällig der König, den man uns avisiert hat?"

Der Mann machte ein erstauntes Gesicht. „Sehe ich so aus?" Dabei blickte er an sich herunter. „Zwar habe ich ein eigenes Reich, aber ein König, nein, das bin ich nicht. Höchstens in meiner Firma. Ich leite einen Computerkonzern."

„Sie haben Glück", bemerkte der Hotelbesitzer. „Ich glaube nicht, dass der angekündigte König heute noch kommt. Sie können das eine freie Zimmer gerne haben." Der Hotelbesitzer führte seinen späten Gast auf sein Zimmer.

Zufrieden über den seltenen Fall, dass sein Hotel nach langer Zeit wieder einmal ganz ausgebucht war, wollte er gerade die Eingangstüre abschließen, als davor ein Paar stand, ein Mann und eine Frau, die offensichtlich hochschwanger war. Wegen des Regens, der seit einer Stunde fiel, hingen der Frau die Haarsträhnen ins Gesicht und vom Hut des Mannes tropfte das Wasser auf einen billigen Mantel.

Voreilig wartete der Hotelbesitzer gar nicht erst das Begehren des Paares ab und sagte schnell und etwas schroff: „Alles belegt, es ist nichts mehr frei!"

Gut, dachte er bei sich, dass die beiden nicht früher gekommen sind. Gut angezogen sind die nicht und viel Geld scheinen sie auch nicht zu haben.

Die Frau blickte ihren Mann traurig an, dem die Enttäuschung ins Gesicht geschrieben stand.

„Komm Josef", sagte sie nur, und der Mann, der Josef hieß, legte den nassen Mantel um die Frau. Wortlos drehten sie sich um und gingen davon.

Auf der anderen Straßenseite, neben dem Eingang zum Schlosspark stand ein Wartehäuschen der Straßenbahn. Zu später Stunde war dort kein Mensch, und so setzten sich die beiden zum Schutz vor dem Regen hinein.

Mit einem Male atmete die Frau tief durch: „Josef, ich glaube, es ist so weit."

„Maria", stöhnte der Mann, „hier auf der Straße soll unser Kind geboren werden?"

Doch zum Klagen blieb keine Zeit. Und so gebar Maria in einem Wartehäuschen mitten in der kalten, regnerischen Nacht ihr erstes Kind.

Da wurde es plötzlich hell um sie. Die Straßenlaterne, die bisher ihr mattes Licht auf die Straße geworfen hatte, leuchtete hell wie ein Scheinwerfer. Um sie herum war leise Musik und es wurde warm.

Josef hatte das Kind in seinen Mantel gelegt und Maria ihren Schal darüber gebreitet. Im Bahnhof Borbeck leuchtete unverhofft das Leuchtband auf, das sonst die Ankunft und Abfahrt der Züge und andere Informationen gab:

„Hosianna! Euch ist ein Kind geboren, ein König, der Retter der Menschheit. Ihr werdet es in einem Wartehäuschen, nicht weit von hier, finden. Es ist in einem Mantel und einen Schal gewickelt. Gehet hin, es zu besuchen!"

Die obdachlosen Männer und Frauen, die in der Bahnhofshalle Schutz vor Kälte und Regen gesucht hatten, schauten ungläubig auf die Botschaft.

„Lasst uns hingehen und nachsehen!", lallte einer und stellte seine fast leere Flasche ab.

„Ist mal ein bisschen Abwechslung."

Die anderen stimmten zu, und so traten sie in die Dunkelheit. Da erblickten sie am Himmel den Widerschein des Lichtes aus dem Wartehäuschen.

Erfreut und neugierig gingen sie darauf zu.

Als sie das Licht erreicht hatten, erblickten sie Maria und Josef, die das Kind zwischen sich gebettet hatten. Überwältigt von soviel Harmonie und Frieden fielen sie auf die Knie nieder und wussten vor Freude und Glück nichts zu sagen.

Mit einem Male öffnete sich die Eingangstüre des Hotels und die drei Männer, die der Hotelbesitzer für Könige gehalten hatte, traten ehrfurchtsvoll und langsam in den Lichtkreis, der sie nicht hatte schlafen lassen.

Als sie die Szene mit schlaftrunkenen Augen erkannten, fielen auch sie auf die Knie und waren ergriffen von so viel Harmonie und Friede. Sie hatten Geschenke mitgebracht: einen Fußball, eine Trompete und ein Computerspiel. Dies alles legten sie dem Kind zu Füßen. Maria und Josef lächelten sich an.

Larissa räkelte sich wohlig in ihrem Kissen. Über die Zimmerdecke wanderte der Lichtschein der draußen vorbeifahrenden Straßenbahn. Da bemerkte sie, dass sie geschlummert hatte. Auch Großmutter schien eingenickt zu sein, wurde aber durch das Geräusch der sich räkelnden Larissa geweckt.

„Ich habe die Antwort auf meine Frage gefunden", begann Larissa flüsternd.

„Ja, das Jesuskind kann jederzeit und überall zur Welt kommen."

HEINZ MÖNKEMEYER

Weihnachten!

Ach, wie arm sind wir doch
an unsren vollen Tischen,
wie nackt
in unsren neuen Kleidern!
Und könnten
– reich beschenkt –
mit Christus selbst
am Tische sitzen!

Erika Stolte

Weihnachten 1936 im Forsthaus

„O Tannenbaum, o Tannenbaum, dein Kleid will mich was lehren!
Die Hoffnung und Beständigkeit gibt Trost und Kraft zu jeder Zeit.
O Tannenbaum, o Tannenbaum, dein Kleid will mich was lehren."

Sorge um einen frisch geschlagenen Tannenbaum kannte man im Forsthaus nicht. Er wurde damals geschmückt mit echten Wachskerzen, Lametta und selbstgebackenen, bunten Plätzchen. Etwas Geheimnisvolles, Übersinnliches zauberte künstliches „Engelshaar" hinein.

Aus vollem Herzen wurde musiziert und gesungen, besonders inbrünstig und vor allem „life"! Unsere Pfarrkirche, die altehrwürdige Paderborner Busdorfkirche, war viele Kilometer entfernt und für uns im Winter sehr schwer erreichbar. Dafür war ein Teil lebendiger Krippe bei uns im Stall. Dort standen zwei Schafe und zwei Kühe an einer Futterkrippe mit Heu. Wie oft haben wir zur Weihnachtszeit in der Nähe der wärmenden Tiere gespielt. Von der Weihnachtsgeschichte hatten wir daher eine sehr konkrete Vorstellung. Das war für uns Betlehem, und wir wünschten sehnsüchtig das Jesuskind herbei. Die Not und Bedürftigkeit der Hl. Familie auf Herbergssuche wurde uns in etwa bewusst, wenn Vater uns bei hohem Schnee und eisiger Kälte mitnahm in den tiefen Wald zur Wildfütterung. Soviel Tannenbäume um sich zu haben, Symbol der Hoffnung und Beständigkeit, sogar täglich in ihrer Gesellschaft zu leben, kann seine Wirkung nicht verfehlt haben. In diese Zeit versetzt überkommt uns noch heute ein tiefes Gefühl von Geborgenheit und Zufriedenheit – „Weihnacht!"

Wie reich waren wir doch mit einem großen Teller voller Äpfel unterm Baum! In der Pfanne schmurgelte, wie in jedem Jahr, der Festtagsbraten, ein Wildhase. Mutter konnte ihn vorzüglich zubereiten, so dass er köstlich schmeckte. In der Waldeinsamkeit waren wir im Forsthaus von einem intakten, intensiven Familienleben besonders abhängig. Unsere Eltern waren stets bemüht um ein harmonisches Mit- und Füreinander und um ein bescheidenes leibliches Wohl. Wir Kinder profitieren heute noch davon und versuchen, dieses Ideal weiter zu vermitteln, inzwischen als Großeltern an unsere Enkelkinder. So etwas, wie Weihnachten, das Fest der Familie, der Liebe und der Geborgenheit; auch ein Weg: Weihnachten aus der Familie in die Welt zu tragen, ein Stückchen Frieden, damit er in der Welt sei!

Ferdinand Heitemeyer

Weihnachtslied

Sei ewig gepriesen, du glückliche Nacht,
die uns den Erlöser vom Himmel gebracht!
Das Licht ist erschienen, was freundlich erhellt
das schaurige Dunkel der sündigen Welt.
O kommet doch alle
nach Betlehems Stalle
und preiset anbetend das göttliche Kind!

Wie liegst du so ärmlich, du himmlisches Kind,
im Froste des Winters, in Wetter und Wind!
Dein Lager ist Stroh, eine Krippe dein Thron,
und bist doch des ewigen Königes Sohn!
Nur wenige kommen,
von Mitleid erglommen,
zu dir, dem Erretter aus Sünden und Tod.

Dir strahlt von der Stirne die Hoheit und Macht,
dein Auge voll Liebe und Frieden uns lacht,
du breitest die Händlein still segnend und hold
und bietest viel mehr noch als Silber und Gold.
Das Lallen der Lippe
in ärmlicher Krippe
bezeugt deiner Liebe unendliche Macht.

O jubeln wir froh mit der Engelein Schaar
und bringen wir all' unser Opfer ihm dar,
der, uns zu erretten, vom Himmel her kam
und Elend und Tod von der Seele uns nahm!
O Jesus, wir schenken
dir ohne Bedenken
als Gabe zur Weihnacht ein dankendes Herz!

Henner Schmude

Weihnachten hinter Stacheldraht

Am 8. Mai 1945 hatten in der Tschechei die letzten kämpfenden Verbände der Deutschen Wehrmacht die Waffen niedergelegt, darunter das Paderborner Panzer-Regiment 27. Als Angehöriger dieses Regiments war ich zwei Tage darauf in Deutsch Brod, südöstlich von Prag, in sowjetische Gefangenschaft geraten. Sodann in die Sowjetunion zur Reparationsarbeiten transportiert, hatte ich den Sommer über beim Wiederaufbau des Asow-Stahlwerkes in Mariupol (ab 1948 Shdanow) am Asowschen Meer gearbeitet.

Nach einem im Herbst anschließenden Ernteeinsatz auf einer Kolchose nahe Mariupol wurde ich mit einer Gruppe nach Ambrosijewka verlegt.

Dort produzierten wir Gefangenen unter der Aufsicht sowjetischer Fachleute Zement. Zu den mehr als primitiven Arbeitsbedingungen gehörte auch hier der Zehn-Stunden-Arbeitstag. Hinzu kamen die An- und Abmarschzeiten zum Werk und die oft quälend lang andauernden Zählvorgänge, sowohl im Lager als auch im Werk. Bald begannen die unzureichende Verpflegung – die aus dünnen Suppen mit äußerst mäßigem Gehalt, trockenem Brot und, lediglich nach Normerfüllung, einem Tassenkopf voll Kascha aus Graupen- oder Hirsebrei mit Sonnenblumenöl bestand – und die schwere körperliche Arbeit, die ersten tödlichen Opfer durch Entkräftung unter uns zu fordern.

Im Dezember wurde ich durch Wolhynisches Fieber arbeitsunfähig, einer von Läusen übertragenen und in Osteuropa verbreiteten Krankheit. Auf Grund meines schwachen Allgemeinzustandes als Dystrophiker wurde ich in ein Gefangenen-lazarett verlegt. Als ich das Lager Ambrosijewka verließ, traten von den dort ursprünglich stationierten 600 Gefangenen noch 80 zum täglichen Zählappell an. Die anderen befanden sich im Lazarett oder waren bereits gestorben. Nach stundenlanger Fahrt durch die tief verschneite Landschaft auf offenem LKW – zum Schutz gegen die Kälte hatte die Lagerleitung Stroh auf die Ladefläche schütten lassen, in das wir uns verkriechen konnten – hielt der Wagen bei einbrechender Dunkelheit vor einem mit Stacheldraht umgebenen Gebäudekomplex aus Steinbauten. Wir hatten das Kriegsgefangenenhospital Tschistyakowo erreicht.

Endlich aus der beißenden Kälte heraus, wurden wir gehfähigen Kranken auf die Wohnblöcke verteilt, in denen durch Abgänge Plätze frei geworden waren. Die Unterkünfte waren große Räume, vielleicht einmal als Schlafsäle für Rotarmisten gebaut. Sie waren jeweils mit etwa drei Dutzend Männern belegt, die auf blanken

Holzpritschen schliefen, je Mann eine Decke. Einziges Inventar war neben den Pritschen ein Ofen, der mit einer Art Schlammkohle befeuert wurde. Allen Fensteröffnungen fehlten die Fensterflügel. Ob sie je eingebaut waren, war nicht erkennbar. Die Maueröffnungen waren bis auf einen 30 cm breiten Spalt zugemauert. Dieser Spalt, mit festgemauertem Glas verschlossen, stellte in den Krankenräumen die einzige Tageslichtquelle dar.

Frischluft konnte ausschließlich nur durch die Hausflure und Türen in die Räume gelangen. Nur mit langer russischer Unterhose und Unterhemd bekleidet, waren wir in unserer ausgemergelten Verfassung stets auf Wärme bedacht. Deshalb sorgten wir uns bei der Winterkälte mehr um geschlossene Türen, als um die Zufuhr von Sauerstoff. Welche Ausdünstungen und Gerüche dieser ungewaschenen und ungepflegten Männer, vermischt mit penetrantem Machorkaqualm, mochten in den Unterkünften wabern? Unser Vorteil war, dass unsere Nasen schon längst den Gefangenenmief nicht mehr wahrnahmen.

Irgendwelche Möglichkeiten zur Beschäftigung gab es nicht. Kein Buch, keine Zeitung. Über private Rundfunkgeräte verfügten auch die Russen nicht. Jede Art von Papier war äußerst rar. Es wurde als „Bumaschka" zum Zigarettendrehen benötigt. Ein Bleistiftstummel war ein Wertgegenstand, er war nicht ersetzbar. In unserem Sowjetsklavendasein mangelte es an allem, was der zivilisierte Mensch als unabdingbar zum Leben erachtet. Dagegen verfügten wir Dystrophiker in Tschistyakowo über eines im Übermaß: Zeit. Zeit zum Nachdenken über den Sinn unseres Schicksals. Zeit zu endlosen Gesprächen. Insbesondere viel Zeit für Heimweh, was alle zusätzlich belastete.

Die mit Abstand wichtigsten Unterbrechungen im eintönigen, vornehmlich mit Nostalgie- und Ernährungsgesprächen ausgefüllten Tagesablauf waren die Essensausgaben. Sobald die Essenträger unter Anführung des rumänischen Lagerkapo den Raum betraten, herrschte Ruhe und angespannte Aufmerksamkeit aller. Beim Austeilen der Suppe wurde mit argwöhnischen Blicken darauf geachtet, ob und wie tief die Kelle in den Eimer tauchte, um den spärlichen Gehalt durchzurühren und damit zu verteilen. Es durfte kein Tropfen Suppe beim Ausfüllen verlorengehen, ohne nicht lautstarke Proteste auszulösen.

Wieder näherte sich einer der ereignisarmen und schier endlosen Wintertage seinem Ende. Es war dunkel geworden, von draußen schimmerte die Beleuchtung des Lagerzaunes durch den Fensterspalt. Unvermittelt sagte jemand laut: „Heute ist Weihnachten." Und dann stimmte irgendwer von uns Deutschen – wir lagen in unserer Behausung mit Madjaren zusammen – „Stille Nacht, Heilige Nacht" an. Erst zögernd, mit brüchigen Stimmen brachten wir eine Strophe des vertrauten Liedes zustande. Die Ungarn schienen die Melodie zu erkennen, jedenfalls wurde es bei ihnen stille. Jedoch schon zu Beginn der zweiten Strophe wurde unser Gesang dünner und erstarb, noch bevor der Vers beendet war. Bedrückende Stille lastete nun im Raum. Im Dunkel schluchzte jemand. Niemand brachte den Mut auf, hatte die Kraft, fortzufahren oder ein anderes Lied anzustimmen.

Jählings war wohl allen unsere Situation bewusst geworden. Die erste Weihnacht nach dem überstandenen Krieg und jetzt recht- und wehrlos festgesetzt hinter Stacheldraht. Rigoros abgeschnitten von allem, was uns das Leben bedeutete. Ohne jede Nachricht über die allgemeine oder familiäre Lage zu Hause. Niemand konnte uns sagen, ob oder wann wir die Heimat wieder sehen würden. Eine solche zutiefst traurige, dem Wortsinn nach trostlose Weihnacht in der Fremde hatte noch keiner erlebt. Die Ohnmacht und die Hilflosigkeit gegenüber diesem Elend, dem wir ausgeliefert waren, schnürte allen förmlich die Kehle zu. Es blieb noch lange beklemmend ruhig, bis die ersten eher geflüstert geführten Gespräche aufkamen.

Am nächsten Tage sorgte die Lazarettküche für eine Überraschung. Jeder erhielt zu seinem Stück Brot abgezählt drei mittelgroße Pellkartoffeln in die Hand. So stimmte es doch, dass Weihnachten und uns eine Bescherung zuteil geworden war? Wohl schmeckten die Kartoffeln süßlich, draußen herrschte strenger Frost und die Schludrigkeit sowjetischer Magazinverwalter verwunderte uns Gefangene schon lange nicht mehr. Trotz allem, nicht nur mir kamen die zusätzlichen Kartoffeln wie ein Geschenk vor.

Diese angefrorenen Weihnachtskartoffeln 1945 waren übrigens die einzigen „Verpflegungskartoschki" meiner zweijährigen Gefangenschaft. Vielleicht hat auch das dazu beigetragen, dass die Umstände dieser bitteren Weihnacht tief im Gedächtnis festgeschrieben sind.

Heinz Mönkemeyer

Kleine Winterweise

Unterm Schnee das Dorf sich duckt.
Wald den Häherschrei verschluckt.

Auf den Drähten harft der Wind.
Quell und Bach zerfroren sind.

Fährte im verharschten Schnee.
Irgendwo ein wundes Reh.

Irgendwo ein Mensch, allein ...
Morgen wirst du's selber sein!

HILDEGARD EIKEL

Seht, die gute Zeit ist nah

Das Jahr neigte sich dem Ende zu. Die Blätter hatten nach vielem Hin und Her zur Erde gefunden, der Schnee war gekommen und wieder gegangen. Jetzt heulte der Sturm um das Haus und die Zweige schlugen gegen die Fensterscheiben.

Die junge Frau wickelte das letzte der Weihnachtsgeschenke in Papier und legte es zu den anderen. Mit einem Seufzer der Erleichterung ließ sie sich in einem Schaukelstuhl nieder und schaukelte nachdenklich vor und zurück, vor und zurück.

Sie schaute auf den geschmückten Baum und die Krippe. Vieles ging ihr durch den Kopf. Schließlich blieben ihre Gedanken haften an der einen großen Frage: Wie würde Robert die Nachricht aufnehmen. Sollte sie schon heute Abend davon zu ihm sprechen? Oder vielleicht erst nach dem Fest? Würde er ihr überhaupt zuhören? Er war so verschlossen in der letzten Zeit. Wo er nur blieb? Er hätte längst zu Hause sein sollen. War er im Betrieb aufgehalten worden? Ausgerechnet am Tag vor dem Heiligen Abend? Vielleicht war etwas passiert? Ihr Herz pochte laut und angstvoll.

Unruhig stand sie auf, ging ins Kinderzimmer, strich den beiden Kleinen übers Haar und deckte sie liebevoll zu. Dann betrat sie die Küche, um Tee aufzubrühen.

Da, eine Autotür wurde zugeschlagen. Drehte sich nicht der Schlüssel im Schloß?

„O, Robert", rief sie und lief auf ihn zu, „dass du endlich da bist. Ich muß dir etwas ganz Wichtiges sagen: Wir bekommen ein Kind! Freust du dich? – Du sagst ja gar nichts."

Das Lächeln auf ihrem Gesicht erlosch, als sie den Ernst in seinen Augen sah.

„O, Robert", sagte sie angstvoll, „ich weiss, drei kleine Kinder im Haus, das bringt viel Unruhe. Ich habe nicht mehr so viel Zeit für dich. Aber glaub' mir, ich habe dich noch genau so lieb wie früher." Und nach kurzem Zögern: „Ich hatte so gehofft, du würdest dich mit mir freuen."

„Ach, mein Liebes", sagte der Mann noch immer sehr ernst, „es fällt mir im Augenblick schwer, mich zu freuen. Ich muss dir nämlich auch etwas sagen, was mir seit Tagen schwer auf der Seele liegt: Unser Betrieb schließt zum Jahresende. Ich werde arbeitslos. Eigentlich wollte ich erst nach Weihnachten mit dir darüber reden, aber in dieser Situation darf ich nicht länger schweigen. Ich möchte, dass du mich verstehst."

„O Gott", sagte die Frau und ließ sich auf den nächsten Stuhl sinken, „das ist ja furchtbar. Unter diesen Umständen willst du vielleicht gar kein drittes Kind?"

Der Mann nahm seine junge Frau in die Arme. „Davon kann gar keine Rede sein", erwiderte er. „Ich käme mir vor, als hätten wir einen hohen Gast zuerst eingeladen, um ihn dann gleich wieder auszuladen. Das werden wir nicht tun. Ich sehe mich weiterhin nach einer neuen Stelle um, und du bekommst das Kind. Zusammen sind wir stark. Und mit Gottes Hilfe wird sich alles zum Guten wenden."

FERDINAND HEITEMEYER

Heil'ge Nacht

Weihnacht! hehre, heil'ge Nacht!
Preis dir! denn du hast uns Armen
Frieden, Liebe und Erbarmen
hoch vom Himmel her gebracht.

Heller schimmert Stern an Stern
und die lauten Kirchglocken
rufen alle mit Frohlocken:
„Ehre sei dem höchsten Herrn!"

Mit den Hirten kommet all',
betet an mit Herz und Lippe
euren Heiland in der Krippe
dort in Bethlems armem Stall!

Kommet alle ohne Scheu!
Denn für uns ist er gekommen,
heilt uns alle liebergklommen,
schafft nun alles wieder neu.

Den Prophetenmund verhieß,
stieg zu uns'rer Erde nieder
und eröffnet uns nun wieder
das verlorne Paradies.

Ehre Gott in Himmelshöh'n,
Friede allen hier auf Erden,
die wie jenes Kindlein werden
gutgesinnt und tugendschön.

Gerta Thier

Heggedorf-Weihnachten

Die Vorweihnachts- und Weihnachtszeit in den 40er und 50er Jahren barg viele nette Erinnerungen, die es sich zu erzählen lohnt. Wir Kinder bereiteten uns auf das große Fest vor, in dem wir auf Liebgewordenes verzichteten. So stellten wir ein großes Deckelglas auf und sammelten bis Weihnachten alle Süßigkeiten darin. Damals gab es noch eine überschaubare Auswahl von Bonbons. Schließlich befanden sich meist die roten, klebrigen Himbeeren, seltener ein Stück Schokolade im Glas. In den Kriegsjahren schickten unsere Verwandten aus Amerika immer ein großes Weihnachtspaket. Darin war für jeden von uns etwas Besonderes. Puppen, Blechtiere zum Aufziehen, Spielsachen aus Holz und vieles mehr. An ein Paket, worin sich ein Vollgummiball befand, kann ich mich noch gut erinnern. Als ich diesen bunten Flummi hüpfen sah, wirkte er auf mich wie ein kleines Ball-Wunder. Einmal schickte man uns eine bunte Faltkrippe aus Pappe. Wenn diese mit ihrem Gefolge richtig aufgebaut war, umrahmten Maria und Josef, die Heiligen Drei Könige, der Ochs und der Esel das Christuskind demütig im Stall. Diese Pappkrippe wurde in jedem Jahr zu Weihnachten wieder hergeholt und aufgestellt. Am 6. Dezember erhielten wir Kinder hohen Besuch, den Bischof Nikolaus. Er wirkte auf uns durch das große Buch, den Krummstab und die Mitra wie eine himmlische Figur der Weihnachtswelt. Was dieser durch seine Eintragungen in sein goldenes Lebensbuch so alles über mich wusste, verschlug mir doch manchmal die Sprache. Kleinlaut versprach ich ihm Besserung bis zum nächsten Jahr. Auf der anderen Seite beschenkte uns der Heilige aus Myra mit einer gefüllten Tüte Gebäck zum Tag der Kinder.

Wir malten und bastelten Kleinigkeiten wie Bilder, Engel und Sterne zur Dekoration, zur Freude unserer Eltern und Geschwister und um uns die Zeit bis zum Fest des Jahres zu verkürzen. Oft rührten wir selbst einen Kleister mit Mehl und Wasser an, denn etwas Besseres zum Kleben stand nicht immer zur Verfügung. Kurz vor dem Weihnachtsfest schrieben wir eifrig Wunschzettel, die wir auf der Fensterbank deponierten. Diese wurden wahrhaftig von den „Himmlischen Heerscharen" abgeholt. Oft hatten wir noch Änderungswünsche, die noch schnell nachgereicht wurden. Die damaligen Wünsche waren weit bescheidener als die der heutigen Zeit. Hätte meine Mutter doch mal einen solchen Wunschbrief von mir aufgehoben. Wenn Schnee fiel, und in meinen Kinderjahren blieb dieser oft hoch und recht lange liegen, konnten wir Dorfkinder gut mit dem Schlitten fahren oder auf den

Winterhof-Teichen mit den Schlittschuhen laufen. Bei einem schönen roten Sonnenuntergang während dieser Zeit sagten uns die Erwachsenen: „Jetzt backen die Engel wieder Plätzchen."

War nun endlich die Zeit des Wartens und Fastens zu Ende, fieberten und erwarteten wir mit Spannung die Bescherung am „Heiligen Abend." Unsere Eltern verstanden es gut, geheimnisvoll in der guten Stube (Wohnzimmer) zu hantieren, bis endlich das bekannte „Christkind-Glöckchen" auf dem Flur ertönte und uns herbeirief, das Christkind sei da gewesen. Der Weihnachtsbaum hatte feierlichen Kerzenschmuck, blanke Kugeln, glänzendes Lametta und bunte Vögel mit langen Schwänzen. Unsere bescheidenen Geschenke standen umher und die Wohnstube war wie verzaubert. Nun sangen wir zusammen die uns bekannten Weihnachtslieder unter unserem prächtigen Tannenbaum. Wir konnten uns über das Geschenkte jener Zeit maßlos freuen. Nach Herzenslust wurde mit den Sachen gespielt und Süßes gegessen, denn nach der Fastenzeit zerging die Schokolade wie ein Hochgenuss auf der Zunge. Gegen Mitternacht tönten feierlich alle Glocken von St. Bartholomä herüber. Eingehakt, um uns in diesen frostigen Nächten vor der Kälte zu schützen, gingen wir durch den knirschenden Schnee mit vielen bekannten Heggedörflern zu unserer Christmette. Riesige mit Kerzen geschmückte Weihnachtsbäume erhoben sich hell erleuchtet neben dem Altar in der Kirche. Aus der „Königin der Instrumente" erklangen Melodien wie „Christen, die ihr ward verloren", „Stille Nacht, Heilige Nacht", „Oh du fröhliche, oh du selige" usw. Die schöne Krippe mit all ihren Figuren war am Nebenaltar aufgestellt und Tannenbäumchen waren um sie gereiht. Jedes Jahr saß vor der Krippenanlage der „Dankeschön-Mohr", der zur Freude von uns Kindern nickte, wenn eine Münze ins Opferkästchen geworfen wurde. Diese Mitternachtsmesse wurde im Namen unserer Familie fast fünfzig Jahre gefeiert. Nach dem Segenslied wünschte man allen Nachbarn und Bekannten vor der Kirche „Frohe Weihnachten". Wir gingen dankbar und schnellen Schrittes an beleuchteten Häusern vorbei ins Haus zurück, danach zufrieden und wohlig ins warme Bett.

Josef Köhne

Weihnachtsfrage

Weihnachten, das Fest des Friedens;
Zeit der Freude und des Glücks.
Weil Menschen liebend sich begegnen
und sich finden, Stück um Stück.
An Weihnacht schweigen alle Waffen
auf der großen weiten Welt.
Weder Macht regiert noch Reichtum,
nicht der Narziß, nicht das Geld.
Neid nagt nicht mehr in den Herzen,
Hass verzerrt nicht das Gesicht.
Unterschiede zwischen Schwarzen,
Roten, Weißen, gibt es nicht.
Niemand muss auf andere schießen,
weil das ein Mächtiger befahl.
Keiner muß die Folter leiden
und der Unterdrückung Qual.
Kinder lachen ganz zufrieden,
weil kein Hunger sie mehr quält
und Hände ihnen gerne schenken,
was Herzen für sie ausgewählt.
Könige, sie lenken weise;
die Völker werden klug regiert.
Nirgendwo ist ein Herodes,
der die Menschen irreführt.
Alle haben eine Heimat,
jeder hat ein festes Haus.
Die Menschen zeigen sich zufrieden;
sie sehen alle fröhlich aus.

Mög's Weihnacht sein, an allen Tagen!
Mög's Weihnacht sein, das ganze Jahr!
Mög's Weihnacht sein, zu allen Zeiten!
Weihnachten? Wann wird das wahr?

PAOLA REINHARDT

Stille Nacht, Heilige Nacht

Franz Xaver Gruber strich mit einer wehmütigen Geste über die Tasten der alten Orgel. Nicht ein einziger Ton war ihr zu entlocken an diesem kalten Morgen des 24. Dezember 1818.

„Die Feuchtigkeit. Es muss an der Feuchtigkeit liegen", sagte er beinahe entschuldigend zu dem jungen Priester, der neben ihm stand.

„Und da ist gar nichts zu machen?" fragte dieser bange.

Der Organist schüttelte den Kopf und stieg langsam und bedächtig die knarrenden Treppenstufen der Empore hinunter. Josef Mohr folgte ihm nur zögernd.

Neben dem Altar, in einer Nische, war die Krippe aufgebaut. Ein Öllämpchen erleuchtete das feingeschnittene Profil Marias, die liebevoll das auf Stroh gebettete Kind betrachtete. Josef kniete etwas abseits, als könne er das Mysterium, das sich in jenem Stall ereignet hatte, gar nicht fassen.

„Eine Christmette ohne Orgelklang ist keine richtige Christmette", flüsterte der Pfarrer traurig, nachdem er ein kurzes Gebet gesprochen hatte.

Franz Xaver Gruber sah seinen jungen Freund erstaunt, ja sogar ein wenig vorwurfsvoll an. Sofort färbte eine feine Röte das Gesicht des jungen Priesters.

„Entschuldigt, Herr Gruber. Es ist nur die Enttäuschung, die mir zu schaffen macht. Natürlich ist die Geburt des Herrn ein so großes Wunder, dass es eigentlich keines Orgelklangs bedarf. Im Stall von Bethlehem stand auch keine Orgel. Wie konnte ich nur so töricht daherreden."

Die schwere Eichentür des Portals fiel hinter den beiden Männern zu. Draußen erwartete sie ein kalter, frostiger Morgen.

„In der vergangenen Nacht habe ich lange am Fenster gestanden, zum Himmel geschaut und bin meinen Gedanken nachgehangen ..."

„Ihr hättet lieber schlafen sollen, Herr Pfarrer", unterbrach ihn Franz Xaver Gruber in seiner praktischen Art. Doch Josef Mohr schien ihm nicht zuzuhören.

„Es war eine ruhige, stille Nacht. Kein Laut störte die Einsamkeit, und eine tiefe Ergriffenheit bemächtigte sich meiner, so dass ich mich hinsetzte und ..." Mitten im Satz brach er ab. „Verzeiht, Ihr steht hier in der Kälte und ich langweile Euch mit meinen Reden. Kommt doch mit ins Pfarrhaus, um Euch aufzuwärmen, bevor Ihr den Rückweg durch die Schneemassen antretet."

„Nein danke, Herr Pfarrer! Ein anderes Mal nehme ich Eure Einladung gern an, aber heute habe ich es eilig. Meine Frau hat mir eine lange Einkaufsliste für den

Krämer mitgegeben. Das ganze Jahr über hält sie die Pfennige zusammen und ist so sparsam, dass sie sich kaum selbst einmal etwas gönnt. Doch zum Weihnachtsfest muss sie alle ihre Lieben reich beschenken." Er reichte Mohr die Hand.

„Lieber, junger Freund, nun nehmt Euch das Versagen der alten Orgel nicht länger zu Herzen!"

Eigentlich hatte der Priester ihm noch von dem Anfang eines Weihnachtsliedes erzählen wollen, dessen Worte ihn seit der vergangenen Nacht nicht mehr aus dem Kopf gingen. Eine Strophe hatte er bereits niedergeschrieben, die von einem trauten, heiligen Paar und einem Knaben im lockigen Haar erzählte. Doch er wollte Gruber nicht unnötig aufhalten.

Inzwischen hatte es wieder angefangen zu schneien. Josef Mohr sah den tanzenden Schneeflocken zu, die sanft und leicht zur Erde rieselten. Und er dachte, dass die Liebe, Güte und der Reichtum Gottes ebenso verschwenderisch über die Menschen ausschüttetet wurden. Nur bemerkten sie es oft nicht.

„Verzeih mir, o Gott, dass ich vorhin wegen der alten Orgel so enttäuscht war", flüsterte er demütig. „Um in der Christmette ein Lied anzustimmen, bedarf es wirklich keiner Orgel. Du hast den Menschen ja schöne Stimmen gegeben. Hilf mir, damit ich die richtigen Worte finde und das angefangene Lied zu Ende schreiben kann. Dann soll es heute Nacht in der Christmette zu St. Nicolai dir zu Ehren erklingen – und den Menschen zur Freude." Fröhlich gestimmt stapfte er durch den knirschenden Schnee auf das Pfarrhaus zu.

Papier und Bleistift lagen noch an dem alten Platz, und schon bald reihte sich Buchstabe um Buchstabe aneinander bis fünf weitere Strophen fertig waren. Noch nie hatte er eine ähnliche Inspiration erlebt. Die kleine Kerze auf dem Tisch war längst heruntergebrannt.

Plötzlich sprang der junge Geistliche von seinem Stuhl auf. Seine Augen glänzten vor Begeisterung, und in ungewohnter Hast griff er nach Hut, Mantel und den beschriebenen Papierseiten und eilte davon.

Eine Stunde später pochte es ungeduldig an der Lehrerswohnung im Schulhaus von Arnsdorf: „Herr Gruber, Herr Gruber!"

„Ja, wo brennt es denn?" fragte der Hausherr mit ruhiger Stimme, als er die Tür öffnete.

Pfarrer Mohr stand vor ihm mit gerötetem Gesicht, den Mantel voller Schnee und durchnäßtem Schuhwerk. Aus der Tasche zog er zwei Bogen Papier, eng beschrieben mit seiner steilen, feinsäuberlichen Schrift.

„Nun kommt schon herein. Ihr seid ja völlig durchgefroren", sagte Franz Xaver Gruber besorgt und führte den Freund in die Wohnstube, in der ein wärmendes Herdfeuer bullerte.

„Was führt Euch denn zu mir?" wunderte er sich.

„Mein Lied, das ich heute Nacht begonnen und vorhin beendet habe", entgegnete der junge Geistliche. Er hielt Gruber den Text des Liedes entgegen. „Ich wollte Euch bitten, dass Ihr eine Melodie dazu schreibt. Mit meinem Tenor könnte ich die Oberstimme singen und zugleich mit der Gitarre begleiten. Ihr, Herr Gruber, habt einen wohltönenden Bass – und außerdem haben wir noch unseren Gemeindechor." Mohr lachte zufrieden.

„Ihr meint, ich soll mich hinsetzen und jetzt sofort eine Melodie für unsere heutige Christmette komponieren?" fragte der Organist entgeistert.

„Ja, lieber Herr Gruber, und ich wünsche, dass die himmlische Inspiration, die mir geholfen hat, auch Euch zuteil wird!"

„Amen"! brummte Gruber. – „Also, dann geht schon heim und haltet mich nicht länger auf!" verabschiedete er seinen Gast und schob ihn förmlich zur Tür hinaus.

Noch in dieser Nacht erklang in der St.-Nicolai-Kirche zu Oberndorf zum ersten Mal das Lied: „Stille Nacht, heilige Nacht! Alles schläft, einsam wacht. Nur das traute, hochheilige Paar. Holder Knabe im lockigen Haar. Schlafe in himmlischer Ruh!"

Zuerst zaghaft, dann kräftiger wiederholte der Chor der Sängerinnen und Sänger die vier Takte des vierstimmigen Satzes. Die Gemeinde lauschte ergriffen – und niemand vermißte die alte Orgel!

„Ein wunderschönes Lied, eine wunderschöne Melodie", sagte Frau Gruber später auf dem Heimweg zu ihrem Mann. „Ich glaube Franzl, dieses Lied wird man noch singen, wenn du und der Herr Pfarrer längst gestorben sind."

Albin Schmiemann

Begegnung in Betlehem

Mit edlen, teuren Geschenken,
mit Zepter, Reif, Diadem,
so wolltest du *Seiner* gedenken
und zogest nach Betlehem.

Du trugest wehende Palmen
und Krüge mit Griechenwein,
beim Klang von Chören und Psalmen
schrittest zum Stalle du ein.

Hat niemand sich deiner besonnen,
war alles wie stumm und blind
und trunken in Weihnachtswonnen.
Nur schaute dich an das Kind ...

Da glitt aus deinen Händen
zu Boden der prunkende Tand,
du musstest dich schluchzend wenden
und weintest im staubigen Sand.

Heinz Mönkemeyer

Weihnachtslicht in einer Puppenstube

Der Krieg, der unselige, war vorüber. Wogen des Schicksals hatten eine stille junge Frau mit ihren drei Kindern in eine Dorfstraße an der Weser gespült, von irgendwoher in Schlesien. Hier endlich hatten die Vier nach langem, bangen Unterwegssein ein bergendes Dach gefunden, eine kleine Wohnung. Der Gatte, der Vater aus Pommern, weilte noch fern: in Gefangenschaft. Im gewissen Sinne zur Ruhe, zur Besinnung gekommen, stieg all das Erlebte als Bitteres nun mächtig in der jungen Frau auf. Und Weihnachten stand vor der Tür: ein erstes Weihnachtsfest fern der Heimat, in der Fremde! Was sollte es da eigentlich zu feiern geben? Was konnte das Christkind ihren Kindern bescheren, dem Ältesten, dem zehnjährigen Jungen, den beiden Zwillingsmädchen? – Wie blassgesichtig die drei rotblonden Kinder waren, wie sehnsüchtig auch sie auf das Christkind warteten!

Gute Kontakte zu den vier bescheidenen Menschen bestanden längst. Nachbarn halfen, ihre Not zu lindern. Aber Weihnachten, da musste es doch etwas Besonderes sein! Nun, so ging es einem jungen Burschen durch den Sinn, wie wäre es mit einer Puppenstube für die Mädchen, mit einer selbstgebastelten? Gedacht, getan! Sperrholzplatten wurden organisiert, Laubsägeblätter erstanden. Und dann ging es los, stundenlang, an etlichen Abenden. Schließlich sollte es eine ordentliche Puppenstube werden – das war man auch dem „Christkind" schuldig!

Eine Puppenstube mit drei Räumen, mit Küche, Stube und Schlafzimmer, machte schon Arbeit. Und die Einrichtung gehörte dazu. Gardinen für die kleinen Sprossenfenster waren zu nähen, natürlich nicht von dem Burschen selbst, denn davon verstand er nichts. Die Wände mussten tapeziert werden ...

Rechtzeitig wurde alles fertig und heimlich hinübergeschafft in die kleine aber toppsaubere ansehnliche Flüchtlingswohnung. Als dann am Heiligabend ein Engel mit seinem silberhell klingenden Glöckchen geläutet hatte, da hättet ihr Kinderaugen sehen sollen! Denn auch der zehnjährige Junge war nicht vergessen worden. Das Wichtigste aber: Auf dem Tischchen im Wohnzimmer der Puppenstube stand ein winziges Tannenbäumchen, und das Licht, das von den noch winzigeren brennenden Kerzen ausging, war hell und warm, so hell und warm, dass es sicherlich im letzten dunklen Winkel manchmal verzagter Herzen ganz licht wurde und alle Traurigkeit daraus verschwand. Unser Bursche meinte, dieses gesehen, gespürt zu haben. – Ja, so wurden nicht nur drei Kinder beschenkt, sondern auch deren Mutter. Am meisten aber wurde er selbst beschenkt!

Paula Schumacher

Weihnachtszeit, Friedenszeit

Weihnachtszeit, Friedenszeit,
alle Jahre wieder
knien Menschen aller Welt
an der Krippe nieder,
fleh'n in großem Herzeleid
zu dem Christuskinde,
dass die Welt voll Kampf und Leid
endlich Frieden finde.

Weihnachtszeit, Kinderzeit,
alle Jahre wieder
singen Kinderstimmen hell
traute Weihnachtslieder.
Ihre Augen glänzen klar,
hoffnungsvoll und rein,
warten voller Ungeduld
auf das Christkindlein.
Eltern seh'ns mit Freude heut
und sind hoch beglückt,
eine ganze Seligkeit
liegt in dem Kinderblick.

Weihnachtszeit, selige Zeit,
alle Jahre wieder
schweben in der hl. Nacht
Engel zu uns nieder.
Öffnen unsere Herzen weit
in Dankbarkeit und Liebe,
wenn es doch für alle Zeit
Weihnacht in uns bliebe.

IRIS FLOREN

Weihnacht in Kanada

Der Winter kam früh im Jahr 1954. Ich war erst kurz in Montreal. Es wurde bitterkalt, aber ich spürte es kaum. Mein Mann hatte mich gewarnt, man könne im ersten Jahr die Temperatur nicht richtig einschätzen. Dadurch könne es zu Erfrierungen kommen. Die Sonne strahlte von einem stahlblauen Himmel, doch sie wärmte nicht, und mein kleiner Sohn fror sehr, als auf einem Spaziergang der kalte Nordwind durch seine viel zu dünne deutsche Kleidung fuhr. Er brauchte kanadische Wintersachen – einen Schneeanzug, in dem der ganze kleine Kerl steckte, dick wattiert, mit Mütze, zwei Paar Handschuhe übereinander gezogen und Gummi-Überstiefel über Lederschuhen. Um den Hals kam noch ein Schal, denn es konnte –40°C kalt werden. Draußen roch die Luft jetzt nach Ölheizung, und in den Wohnungen war es sehr warm.

Ende November begann die Weihnachtszeit mit einer großen Santa-Claus-Parade. Musikkapellen spielten weihnachtliche Weisen. Motivwagen mit Märchengestalten aus aller Welt zogen an uns vorüber. Und dann kam er, der Liebling der Kinder, Santa Claus. Er saß auf einem Schlitten, von Rentieren gezogen. Er hatte ein fröhliches Gesicht, einen langen weißen Bart, eine rote mit Pelz verbrämte Mütze, und sein roter Rock spannte über seinem rundlichen Bauch. Er winkte nach allen Seiten und rief sein fröhliches „Hohoho". Vor einem großen Warenhaus hielt der Schlitten und er stieg in einen Außenaufzug. Er hielt eine kleine launige Rede von seinem hohen Podest. Dann entschwebte er bis zum 8. Stock und verschwand durch eine Tür. Von nun an konnten die Kinder ihn jeden Tag besuchen und ihm ihre Wünsche ins Ohr flüstern. Wie viele Sprachen mag dieser Mann wohl beherrscht haben? Seine kleinen Kunden hatten die Gesichter aller Völker dieser Welt. Auch mein Sohn hatte jedes Jahr auf seinem Schoß gesessen. Er glaubte fest an ihn, bis ein indischer Spielkamerad eines Tages behauptete, es gäbe gar keinen Santa Claus. Mein Sohn hat ihn erst einmal verhauen, bevor er empört zu mir kam und ich ihm die Wahrheit beichten musste – peinlich!

Die Geschäfte waren nun weihnachtlich geschmückt. Beim Einkauf erklangen Weihnachtslieder. Viele waren mir noch unbekannt, aber mit den Jahren lernte ich sie lieben. „It grows on you" sagen die Kanadier: Mit der Zeit wächst es dir ans Herz. Bald kam der erste Schnee, und dann kam fast jede Nacht neuer dazu. Die Stadt sah wie verzaubert aus. Nachts leuchtete das Kreuz vom Mount Royal, einem bewaldeten Berg mitten im Herzen der Großstadt. Ein Stahlgerüst wie der Eifelturm, aber in Kreuzform, trug unzählige helle Glühbirnen. Als Papst Johannes XXIII starb, leuchtete es in düsterem Violett.

Am 6. Dezember stellte mein Sohn seine Schuhe an die Tür, damit der Nikolaus sie mit süßen Sachen füllen konnte. Dieser Brauch war in Kanada unbekannt. Nur die holländischen Kinder fuhren an diesem Tag mit ihren Eltern zum Hafen, wo der heilige Nikolaus mit Mitra und Bischofsstab auf einem Schiff die Weihnachtsgeschenke verteilte. Er war übers Meer gekommen, um die Kinder zu beschenken.

Montreal war eine Stadt mit vielen verschiedenen Einwanderern aus aller Herren Länder, aber sie war kein Schmelztiegel. Jeder behielt seine eigene Identität und seine Bräuche. Am Tag vor dem Heiligen Abend kaufte ich in einer Nebenstraße eine wunderschöne Tanne. Sie duftete herrlich und hatte weiche Nadeln. Mein Mann lachte, als er meinen Baum sah – er war viel zu groß! Wir mussten oben und unten ein Stück absägen, damit er überhaupt ins Zimmer passte. Geschmückt haben wir ihn mit silbernen Kugeln. Echte Kerzen waren wegen der Brandgefahr verboten, aber wir hatten trotzdem immer welche am Baum. Wir mochten die bunten Lämpchen nicht, die überall an Weihnachtsbäumen leuchteten.

Die Geschenke wurden aufgebaut und dann wurde es Weihnachten, im Herzen und in den Augen unseres Kindes. Im nächsten Jahr hatten wir auch einen Plattenspieler und eine Schallplatte mit deutschen Weihnachtsliedern. Neun Jahre später besaßen wir dann eine beachtliche Sammlung von deutschen und englischen Liedern. Sogar ein Huronen-Weihnachtslied war dabei. Nach der Bescherung gab es Kartoffelsalat mit Würstchen wie zuhause. Die Gedanken gingen in die Heimat. Wie würden sie Weihnachten feiern ohne mich?

Langsam wurde es Zeit für die Mitternachtsmesse. Wir hüllten uns in warme Sachen und wanderten durch die kalte Nacht zur deutschen Kirche. Es war, als hielte die große Stadt den Atem an. Wir gingen durch menschenleere Straßen, kein Auto auf der Fahrbahn, nur hier und da begegnete uns ein Kirchgänger. Um uns war eine ungewohnte Stille, nur der Schnee knirschte unter unseren Stiefeln. Die Kirche empfing uns mit Wärme und dem hellen Glanz von weißen Lichterketten, die von einem richtigen Wald von Tannen im Altarraum strahlten. Die Kirche war nie so voll wie in dieser Nacht. Die Menschen suchten die Heimat, die alten Lieder, die Erinnerung, eine Atempause in einer fremden Welt. Von der Orgel sang eine Sopranistin „Adeste fideles" in Latein, Englisch und Deutsch. Es war eine sehr feierliche Messe, von drei Priestern zelebriert. Mein Mann ging zur Kommunion – ich wurde erst später in dieser Kirche getauft: In diesem Land durfte ich den Zwist der Konfessionen hinter mir lassen und meinen Glauben leben, für den ich mich seit meiner Kindheit entschieden hatte.

Müde, aber glücklich gingen wir den Weg zurück nach Hause. Es gab nur einen Feiertag, der zweite Weihnachtstag war wieder Alltag, nur die Frankokanadier feierten das Dreikönigsfest als „little Christmas".

Mit den Jahren wuchs mein Verständnis für das Land. Ich lernte seine Sprache, seine Geschichte, seine Lieder – aber das Heimweh ist stärker gewesen.

Hermann Stolte

Ich und der König der Könige

… dienen und des Anderen Last tragen!

„Jahhh! Jahhh! Jahhh!", schimpft laut der Esel, und in sich hinein: „Da marschieren sie wieder, die Unterdrücker, die Besatzer, die römischen Kohorten! Sie können nur Staub aufwirbeln, dass es einem den Atem verschlägt und man die „Hand vor Augen" nicht mehr sieht. Steuern lassen sie eintreiben von den einfachen Bürgern. Die Reicheren kaufen sich durch Schmiergelder frei! Jetzt hat der Kaiser Augustus auch noch eine Volkszählung befohlen, um noch strengere Kontrollen durchführen zu können.

Deshalb müssen auch wir nach Betlehem, der Stadt Davids. Doch mein Stall steht in Nazareth. Vor mir geht Josef und führt mich. Das ist gut, denn er kennt sich hervorragend in der Gegend aus. Ich bin mit ihm schon viel unterwegs gewesen, wenn er für seine Kunden Häuser baute oder Reparaturen ausführte. Er ist ein sehr beliebter und guter Baumeister. Ich liebe *ihn* und *er* liebt mich. Noch mehr allerdings lieben wir beide Maria, die ich behutsam auf meinem Rücken trage, und ich versuche vorsichtig zu gehen. Sie ist auch als werdende Mutter gar nicht schwer. Sie freut sich auf ihr erstes Kind, hat allerdings Sorgen wegen der langen Reise, denn die Geburt wird nicht mehr lange auf sich warten lassen. Vorsorglich hat sie Windeln und alles Nötige eingepackt. Doch was soll schon passieren; sie ist gesund und jung und vertraut fest und unerschütterlich darauf, dass Jahve immer bei uns ist und uns alle beschützt, besonders das Ungeborene in ihr. Wenn ich meine langen Ohren spitze und ganz genau lustere, glaube ich *zwei* Herzen schlagen zu hören und darüber bin ich sehr froh.

Josef war über das Kind zuerst nicht sehr glücklich, da er nicht der Vater des Kindes ist. Doch er konnte es einfach nicht übers Herz bringen, Maria allein zu lassen oder gar – ich wage es nicht zu Ende zu denken – von ihr zu verlangen, zu einer „Engelmacherin" zu gehen, was durchaus in solchen Fällen geschehen kann. Ich glaube, ich hätte mich vergessen und ihm kräftig vor die Schienbeine getreten, damit er zur Vernunft kommt. Doch jetzt freuen wir uns alle auf *unser* Kind. Was wohl später aus ihm wird? Vielleicht ein guter Handwerker, wie Josef?

Josef weiß immer, wo es gutes Wasser und frisches Heu gibt und sorgt auch sonst für uns. Wir pilgern durch Orte, die ich noch nie gesehen habe und auch Maria ist erstaunt. Sie freut sich an schönen Gärten, sauberen Häusern und über nette Menschen, die uns begegnen. Wir grüßen freundlich und Maria plaudert gern ein wenig mit anderen Reisenden über das Wetter und die Schönheiten der Landschaft und, wenn Kinder in der Nähe sind, überlegt sie, wie sie ihrem Kind auch einmal zusehen wird, wenn es mit anderen spielt und tollt. Freuden einer werdenden Mutter!

Rechter Hand, zwischen Straße und See, ein großer Olivenhain, darin fleißige Arbeiter, die die Ernte vorbereiten und auch junge Bäumchen pflanzen. Linker Hand wird ein neues Haus gebaut. Josef sieht hoch interessiert den Handwerkern zu und würde gern mitmachen, aber wir müssen weiter nach Betlehem. Dahin sind alle Bürger, die zur Sippe Davids gehören, von Herodes befohlen, um sich im Rahmen der Volkszählung registrieren zu lassen. Außerdem freuen wir uns auch auf ein Treffen mit Verwandten und Bekannten, die wir lange nicht gesehen haben, wird es doch das größte Sippentreffen aller Zeiten!

Nach mehreren Tagesmärschen kommen endlich die ersten Häuser von Betlehem in Sicht und es wird erheblich lebhafter auf der Straße. Überall sind römische Söldner als Ordnungshüter zu sehen. Auch passen sie auf, dass die Zollbeamten nicht zuviel in die eigene Tasche stecken. Wir fühlen uns dauernd beobachtet. Dagegen sind wir machtlos! Jahh!

Maria wird langsam unruhig. Sie merkt, dass ihr Kind bald kommen will und bittet Josef, baldmöglichst eine Unterkunft zu suchen und nach einer Hebamme zu fragen. In Betlehem wohnen auch reichlich Verwandte. Doch wo er auch nachfragt, ob in Gasthäusern, Herbergen oder bei den Verwandten: Alle Zimmer sind angeblich belegt. Wer nimmt auch schon gerne eine Familie auf, bei der sich kurzfristig Nachwuchs ankündigt und die nicht sehr wohlhabend scheint. Hartherzige Menschen! Mir sträubt sich das Fell! Jahh! Josef steht ziemlich ratlos da und weiß nicht weiter. Es ist zum „aus der Haut fahren". Maria sagt zu ihm: „Wenn nichts mehr frei ist, frag nach einem Stall für den Esel. Vielleicht können auch wir darin übernachten." Soweit ist es jetzt schon gekommen! Ich stupse ihn auch noch kräftig aufmunternd in die Seite. Jahh! Beim nächsten Rasthaus, das auch überfüllt ist, erlaubt der Wirt uns, im Stall für eine Nacht Quartier zu nehmen. Im Stall steht schon ein dummer Ochse herum und macht sich breit. Aber ich brauche ja nicht viel Platz. Dankbar bin ich schon, dass ich von seinem Heu, das genügend in der Raufe ist, mitessen darf. Maria ist froh, nicht unter freiem Himmel übernachten zu müssen und richtet sich notdürftig ein. Müde von der langen und anstrengenden Reise bin ich dann wohl sehr schnell eingeschlafen, trotz des unüberhörbaren Grunzens des Ochsen. Doch Maria und Josef kommen nicht zur Ruhe.

Plötzlich in der Nacht, was war das? Ein aufgeregtes Hin und Her! Fremde Frauen laufen unruhig, wie aufgescheuchte Hühner herum. Da, ein Babyschrei! Jahh! Maria hat *unser* Kind zur Welt gebracht. Josef steht linkisch herum und versucht zu helfen, dem Kind, das Maria jetzt „Jesus" nennt, irgendwo ein weiches Bettchen zu richten.

Praktisch, wie er nun mal ist, schleppt er eine kleine Futterkrippe, mit Stroh gepolstert, an und breitet ein paar Tücher darüber. Zu hart! Weiches Heu aus unserer Raufe muss noch her. Jetzt geht's. Maria legt ihr Kind hinein. Man sieht ihr die Anstrengung der Geburt kaum an, so glücklich ist sie und wir alle mit ihr. Es ist sehr hell im Stall geworden. Von der Öllampe allein kann das nicht kommen! Ein eigenartiges, inneres Strahlen geht vom Kind aus. Halleluh-jahh, jahh! Es ist geboren. Unser Kind ist das schönste Kind der Welt! Das meinen vor allem die Mütter. Alle Mütter!

Wie ein Lauffeuer muss es sich herumgesprochen haben, dass *hier im Stall* ein Kind das Licht der Welt erblickt hat. Auch, dass kaum das Nötigste für Mutter und Kind vorhanden ist. Wo kämen sonst die vielen fremden Menschen her, die fast alle etwas mitbringen, um die ärgste Not ein wenig zu lindern. Es kommen immer mehr! Draußen wird gesungen. Einige sagen, das seien Engelsstimmen. Schäfer kommen und geben an, sie seien von himmlischen Wesen hierhergeschickt worden. Sie wollen auch helfen und fragen, was noch fehlt. Welch wunderbare Hilfsbereitschaft, durch die Geburt eines kleinen Kindes ausgelöst, in der sonst so abweisenden, kalten Welt. Selbst der Wirt, dem der Stall gehört und der sonst nur auf seinen Profit achtet, kommt und sagt bewegt: „Ihr könnt solange bleiben, wie es nötig ist." Ich glaube, er ist sogar ein wenig stolz, dass er die Erlaubnis zum Übernachten gegeben hat. Jahh, Jahh, die Welt hat einen guten Kern, man muss ihn nur richtig sehen *wollen*. Beruhigt kann Josef nun den nächsten Tagen entgegensehen; allerdings muß er nun *drei* Personen registrieren lassen, was er mit Freuden und Stolz tut. Jahh! Jahh! Selbst der Ochse grunzt nicht mehr so erschreckend laut!

Ein paar Tage Ruhe haben gut getan! Doch da, was ist das denn jetzt schon wieder? Da kommen doch ein paar schrecklich hochnäsige Kamele, die sich gern „Wüstenschiffe" nennen lassen. Auf ihnen vornehm und stolz aussehende Leute, die wohl von weit her gekommen sind. Die sich so hochnäsig gebenden Kamele knien sich in den Staub, als wollten sie sich vor dem Kleinen verneigen; aber es ist wohl nur, weil die Reiter absteigen wollen. Dieses sind offensichtlich sehr weise Leute, Könige aus verschiedenen Ländern im Osten. Sie reden in unterschiedlichen Sprachen, aber ich kann sie gut verstehen. Sie sprechen von einem Stern, der sie geführt hat. Sie möchten einem neu geborenen König besondere Geschenke und Grüße aus ihren Ländern, fernen Königreichen, bringen. Zunächst hatten sie ihn im Königspalast gesucht, jedoch dort wusste niemand etwas von einem neugeborenen König. So hätten sie ihn, als der Stern sie wieder führte, in diesem Stall gefunden. Sie legen wundersame Dinge vor die Krippe und sprechen zu dem Kind, das sie königlich behandeln. *Unser* Kind ein König, vor dem Könige knien; ein König der Könige! Das ist stark! – Was immer auch kommt, ich werde ihm treu dienen, solange ich kann! Josef bietet den Königen und ihren Dienern einen Kelch mit Wein und ein Stück Brot von dem an, was uns liebe Menschen gebracht haben. Sie nehmen das gerne an, wundern sich allerdings, woher Josef das alles nimmt. Sie bleiben nicht lange, denn sie wollen schnell in ihre ferne Heimat zurück, um zu melden, dass sie wirklich einen neugeborenen König in einem Stall gefunden haben. Sie sagen, solch ein Glanz, der den ganzen Raum erhellt, kann nur von einem König kommen. Langsam glaube ich das auch. Sie verabschieden sich von Jesus, Maria und Josef sehr freundlich mit ein bisschen Wehmut in der Stimme. Mir scheint es, als winke Jesus zurück. Einer zupft mir neckisch an den Ohren und streicht mir liebevoll über den Rücken, gerade da, wo ich Maria getragen habe. Die Kamele wirken gar nicht mehr so hochnäsig, als ihre Herren mit ihnen fortreiten. Fast sieht es so aus, als hätten auch sie sich wehmütig von allen verabschiedet, auch von mir. Maria braucht noch ein paar Tage Ruhe.

Eines Nachts werde ich plötzlich wach, weil Josef sich eigenartig unruhig auf seinem Lager herumwälzt. Er kann sich gar nicht beruhigen. Jahh, mir scheint, als spräche er mit jemand. Plötzlich steht er auf, zieht sich hastig an, weckt Maria und sagt: „Wir müssen sofort aufbrechen und abreisen! Ich spüre und weiß, dem Kind und uns droht Gefahr. Mach bitte Jesus fertig, während ich den Esel packe." Maria fragt nicht lange. Ihr sind noch die Anstrengungen der Geburt anzumerken. Jedoch fügt sie sich klaglos. Ich werde versuchen, ihr und dem Kind den besten und ruhigsten Ritt zu bieten, der auf der Flucht in eine ungewisse Zukunft nur möglich ist. Josef murmelt was von Ägypten, da sie sich sonst nirgends sicher fühlen können. Den Kindern von Betlehem und Umgebung stünden ungeheuerlich schlimme Tage bevor. Selbst vor Mord und Totschlag an den kleinen Kindern, hätten die Boten Jahves ihn im Traum gewarnt. Er beeilte sich. Wieder sind wir unterwegs, jetzt allerdings zu dritt. Doch ich trage Mutter und Kind gern und leichtfüßig.

Jahh! Jahh! Jahh! Ich habe nichts anderes gelernt, als zu dienen und fremde Lasten zu tragen. So kann auch ich ein bisschen dazu beitragen, dass die Welt etwas friedvoller wird. Wenn ich sonst schon mal stur und bockig bin, bin ich heute richtig froh darüber, meine Familie in die Freiheit tragen zu können, auch wenn eine ungewisse Zukunft vor uns liegt. Mit Jahves Hilfe werden wir sicherlich bald in unsere Heimat Nazareth zurückkehren können.

Luise Klaholt (Therese Treu)

Christkindleins Sieg im Nethegau

Winter war's im Nethegaue – vor denn mehr als tausend Jahren –
Strenger Winter; Hof und Hütte, Weg und Steg verschneiet waren,
tief verschneit auch eine Hütte, an der Iburg Fuß gelegen
wohlgeschützt vom Tannendickicht, recht dem rauhen Nord entgegen.
Von dem niederen Strohdach hangen blanken Eises starre Zöpfe,
Wodans Zeichen ziert den Giebel: zwei geschnitzte Pferdeköpfe.

Wodans Fest, Julfest[1)], zu feiern, rüsten sich die Sachsenleute,
fröhlich schaffen, muntres Treiben drum in Hof und Hütt' schon heute,
doch nicht hier – der Hütte Sonnenstrahl, Thietmar, liegt gar krank darnieder,
frostdurchschauert, fieberglühend weschelweis die zarten Glieder.

Sunehild, des Knaben Mutter, an dem schlichten Lager kniet,
bald das Bärenfell, die Decke, lüftet, bald es fester ziehet.
Winnefried, des Kindes Vater, ist um Hilfe zu erlangen,
In der Morgenfrüh' zur Drude nah' dem Bullerborn gegangen.

„Käme er doch endlich wieder, brächte Rat und gute Kunde!"
Sunehild seufzt's, und langsam rinnt ihr still und eisam Stund' um Stunde.
Kränker wird indes der Knabe, größer seiner Mutter Sorge.
„Ist denn niemand", ruft sie klagend, „der mir Rat und Hilfe borge?"

Und sie fleht zu ihren Göttern all', die in Walhalla[2)] thronen,
zu den Manen[3)] ihrer Ahnen, die da droben selig wohnen.
„Wodan, hoher Göttervater", ruft sie, „hör der Mutter Flehen!
Und du Baldur[4)], Gütiger, Milder, lasse deine Hilf' mich sehen!"

Doch die Götter, Ahnen schweigen – und das Fieber steigt noch immer...
Da entschwindet Sunehilden auch der letzte Hoffnungsschimmer.

Schmerzerfüllt die arme Mutter zu dem Kinde beugt sich nieder,
nimmt es sacht in ihre Arme, herzt und kost es immer wieder.
„Meinen flachshaarigen Knaben, meinen Liebling soll ich lassen,
ihn, der stets so lieb und zärtlich?" – klagt sie – „nein, ich kann's nicht fassen!

Doch woher noch Hilf' erhoffen?" – Plötzlich halbvergessene Märe
Dämmert auf in ihrem Sinne... „Wie, wenn's mehr als Märe wäre?"

Das, was sie als Kind vernommen einst aus eines Kriegers Munde,
der, von Römern mitgeführt, bracht' zurück die seltene Kunde,
dass ein Kind, im Stall geboren, allen Menschen bringe Frieden,
Glück und Heil – und Trost und Hilfe ihnen, denen Leid beschieden.

„Dieses Kindlein, gütig, mächtig, kann's nicht auch mein Kindlein heilen?"
Sunnehild denkt's, erhebt die Arme, bittet, flehet ohn' Verweilen:
„Unbekanntes Kind, o höre! Rette, heile meinen Knaben,
will auch fürder keinen Herrn mehr, keinen Gott als dich nur haben!
Winnefried auch soll dir dienen, meinen Knaben will ich lehren,
dich, du wunderbares Kindlein, stets zu lieben, hoch zu ehren!"

Ganz erschöpft vom Weinen, Flehen, lässt sie sich am Lager nieder.
Siehe da! Zu sanftem Schlummer Thietmar schließt die Augenlider,
ruhig kommt und geht der Atem, und so schläft er Stund' um Stunde.
Sunehild sieht's mit frohem Staunen, Hoffnung, Freud' im Herzensgrunde.

Endlich kehrt zurück der Vater – just Klein-Thietmar da erwachte
Und den hochbeglückten Eltern frisch, gesund entgegenlachte.

---

1) Julfest, Mittwinterfest, wurde von den alten Sachsen zu Ehren ihres Gottes Wodan um die Zeit unserer Weihnachten gefeiert.
2) Walhalla, Sitz der Götter und gefallener Helden.
3) Manen, die Geister der Abgeschiedenen.
4) Baldur, Gott des Lichtes, das Sinnbild des Guten.

Sr. M. Apollinaris Jörgens

Die Krippchensandacht

Eine Arme Schulschwester von der Brede/Brakel, gestorben 1961, hat einige Jahre vor ihrem Tod Erinnerungen an ihre Zeit als Schülerin der Höheren Töchterschule auf der Brede aufgeschrieben. Als 14jährige war sie 1893 ins Pensionat der Brede gekommen. Zu ihren Erinnerungen gehört die im Titel genannte Andacht. Schwester Bernharda schreibt: „In der Weihnachtszeit fand jeden Sonntag, nachmittags um 5 Uhr, die Andacht des Betlehemitischen Weges statt. Freiin Ludowine von Haxthausen hatte diese auf ihren Reisen nach Italien kennen und lieben gelernt. Durch ihre Bestrebungen wurde die Andacht auf der Brede eingeführt. Es war eine Volksandacht, welche die Geschichte der Kindheit Jesu zum Gegenstand hatte, diese in 14 Abschnitten mit anschließenden Liedstrophen darstellte. Diese Andacht erfreute sich einer solchen Beliebtheit, dass die Leute von nah und fern herbeiströmten, schon um $^1/_2$ 4 Uhr ankamen, um einen Platz in der Bredenkirche zu gewinnen, obgleich erst um 5 Uhr die Andacht begann." In den Erinnerungen heißt es weiter, dass dieser Brauch bis 1907, also 75 Jahre hindurch, auf der Brede bestanden hat. Herr Rektor Stader fand damals die Andacht nicht mehr zeitgemäß und ließ sie durch den Bischof abschaffen. „Das Volk betrauerte sehr die Abschaffung der ihr so lieb gewordenen Andacht", schließt Schwester Bernharda diesen Abschnitt ihres Berichtes.

Hat Ludowine wirklich die Andacht aus Italien mitgebracht, als sie sich 1830/31 dort aufgehalten hat? Lange blieb die Herkunft der Andacht ungeklärt. Eines nur war sicher, Ludowine wusste sich, ihren schriftlichen Angaben entsprechend, „dem Weihnachtsgeheimnis verpflichtet". Sie war am Heiligen Abend 1794 im Bökerhof/Bökendorf zur Welt gekommen und wurde im Hochamt des ersten Weihnachtstages getauft. Idylle und Heimelichkeit des Festes, wie sie es in der Kindheit im Elternhaus erlebte, mögen ihre besondere Liebe zu diesem Fest grundgelegt haben. Als Waisenmutter auf der Brede (1832 - 1848) wußte sie den armen Mädchen die Zeit geheimnisvoll zu gestalten, wie Amalie von Hassenpflug schreibt: „Und kam der Winter und trieb von der Feld- und Gartenarbeit die Kinder ins Haus; deckte der Schnee die Pfade und machten Windwehen die Hohlwege unfahrbar, dass das Klösterchen von außen her einsam stand: so ward es in seinem Innern vom heraufdämmernden Stern von Betlehem um so lebendiger und heimlicher in flüsternder Erwartung und erfindungsreicher Tätigkeit; bis dann endlich das Puer natus erscholl, der helle Weihnachtsbaum aus den Fenstern in die dunkle Gegend strahlte und die Kinder mit verstummender Freude vor seinen vergoldeten Früchten standen..."

In dieser liebenden Tätigkeit zeigte Ludowine, wie sie selbst im Elternhaus das Fest und die Vorbereitungen dazu erlebt hatte. Die Stiftsdame Ludowine von Haxthausen blieb indes nicht bei den Äußerlichkeiten stehen. Sie versuchte, in die Tiefe des Weihnachtsgeheimnisses einzudringen und andere dorthin zu führen. Da mag ihr wohl die Krippchensandacht eine Hilfe bedeutet haben.

Was aber war es um die Krippchensandacht, wie der „Betlehemitische Weg" von Ludowine bezeichnet wurde. Lange war nicht viel mehr bekannt, als Schwester Bernhardas Aufzeichnungen. Eine kurze Notiz besagt, dass Schwester Ildefonsa Eisenhofer 1854 während dieser Andacht auf der Brede starb.

Ein Zufall, ein Gespräch mit einem Ehepaar, das den Spuren der Ludowine nachging, rückte die Andacht wieder mehr ins Gedächtnis. Das Ehepaar sammelt alte Gebetbücher. Als im Gespräch erwähnt wurde, die Andacht solle in dem Gebetbuch „Jesus meine Liebe" zu finden sein, machten sich die Bekannten an die Suche und fanden. Wie als Fußnote zu der Andacht bemerkt ist, geht der Text auf einen Italiener namens Paloni zurück.

Die Andacht wurde ähnlich gehalten wie eine Kreuzwegandacht, jedoch mit 12 Stationen, in denen je eines der Geheimnisse um Jesus betrachtet wurde. Die Abschnitte tragen die Titel: 1) Jesu Menschwerdung, 2) Jesu Geburt, 3) Jesus als Säugling, 4) Jesus in Windeln, 5) Jesu Beschneidung, 6) Jesu Erscheinung, 7) Jesu Aufopferung, 8) Jesu Flucht, 9) Jesus betend, 10) Jesus wandelnd, 11) Jesus schlummernd, 12) Jesus ein Fischer.

Die Überlegung zur zweiten Station lautet: „Der Sohn Gottes, in diese Welt geboren, erwählte sich die ärmste und elendeste aller Wohnungen. ‚Er kam in sein Eigentum, und die Seinigen haben ihn nicht aufgenommen' (Jh. 1). ‚Die Füchse haben ihre Gruben, die Vögel ihre Nester, des Menschen Sohn aber hat nichts, wo er sein Haupt hinlege.' (Matth. 8). O göttliches Kind, bereite dir mein Herz zu einer Wohnung!" – Zu jeder Station gehört eine Strophe eines Gedichtes. Zur Menschwerdung heißt es:

"Sieh uns dir zu Füßen liegen,
allerhöchster Gottessohn,
der du bist herabgestiegen
von dem lichten Himmelsthron;
hast zu unserm Heil und Frommen
unsere Menschheit angenommen:
Solche Lieb muss mich besiegen –
sieh', mein Herz dich liebet schon!"

Das Schlußgebet zu dieser Andacht lautete: „Allmächtiger, ewiger Gott, Herr des Himmels und der Erde! Welcher du den Kleinen Dich offenbarest, verleihe gnädig, dass wir die hochheiligen Geheimnisse deines Sohnes, des göttlichen Kindes Jesu, mit gebührender Ehrfurcht feiern und mit würdiger Nachahmung befolgend, zu dem den Kleinen verheißenen Reiche, dem Himmel zu gelangen vermögen. Durch denselben Jesum Christum, unseren Herrn. Amen."

Hans-Werner Kulinna

Straßenkind

Kind, gib acht auf deinem Weg,
fürchte dich nicht vor der Nacht.
Deine Angst vor Dunkelheit
treibt dein kleines Leben an.
Engel sind schon lange fort.

Du gehst weiter deinen Weg
vorbei an düsteren Orten.
Du hörst dein Herz in dunkler Nacht
und kalte Straßen sind dein Bett.
Engel sind schon lange fort.

Du hältst an auf deinem Weg;
in deinem Magen wühlt die Leere.
Die Sterne leuchten nur im Dunkeln.
Du hoffst auf einen warmen Platz.
Engel sind schon lange fort.

Ein Schatten liegt auf deinem Weg.
Er macht dein kleines Herz so schwer.
Doch weißt du, da wo Schatten fällt,
ist immer auch das warme Licht.
Engel sind schon da gewesen.

Du siehst die Sterne auf dem Weg;
sie leuchten dir in jeder Nacht.
Auch wenn die Angst dich neu befällt,
du kannst den Sternen winken.
Engel sind schon hier gewesen.

Dann wird es hell auf deinem Weg,
die Nacht ist aus, der Tag beginnt.
Du siehst der Sonne ins Gesicht.
Sie wärmt die kalte Seele auf.
Die Engel sind schon da gewesen.

Josef Köhne

Die sibirische Krippe

Unser Dorfpfarrer war ein kränkelnder Mann und es fiel ihm oft schwer, seinen Dienst zu versehen. So kam denn an den Sonn- und Feiertagen immer ein Pater aus einem nahegelegenen Kloster, um einen Teil der anstehenden Aufgaben zu übernehmen. Die meisten Patres waren bei den Gläubigen gern gesehen, denn sie waren recht freundlich und ihre Predigten brachten etwas Abwechslung in das tägliche Einerlei.

Einer der Patres war allerdings nicht sonderlich beliebt. Er war zwar auch freundlich, aber sobald er das Gotteshaus betrat, wurde er bitterernst und sehr streng. Wer es eben umgehen konnte, verzichtete gerne auf eine lange und anstrengende Beichte bei Pater Albert,* der wegen seiner gebeugten Körperhaltung den Spitznamen „Bäcker-Franz"* bekommen hatte, in Anlehnung an den örtlichen Bäckermeister, der ebenfalls einen gebeugten Rücken besaß. Wir Ministranten bekamen oft ein flaues Gefühl in der Magengegend, wenn Pater Albert die Sakristei betrat und den Küster und uns mit einem lauten, schnarrenden „Gelobt sei Jesus Christus" begrüßte. Unser „In Ewigkeit, Amen" kam dann auch in der Regel ein wenig ängstlich und gepreßt. Die Predigten des Paters waren fordernd und lang. Auch sein Gesang war weder schön noch melodisch, dafür aber um so lauter. Dieses alles machte ihn uns noch weniger sympathisch. Mit einem Wort: Wir Meßdiener konnten ihn nicht ausstehen und auch die Erwachsenen ließen hin und wieder erkennen, dass sie den Pater nicht besonders gern sahen.

Diese Ablehnung, die auch ich damals empfand, änderte sich schlagartig nach einem Gottesdienst. Folgendes war geschehen:

Es muss Weihnachten 1960 oder 1961 gewesen sein, als ich als Ministrant mit 13 oder 14 Jahren während der Christmette auf den Altarstufen hockte und redlich bemüht war, auch ja alles richtig zu machen. Die Messe zelebrierte Pater Albert, und so folgte ich der Weihnachtsbotschaft in diesem Jahr ein wenig gespannter als sonst, denn ein derber Anpfiff vor dem Gottesdienst hatte uns Meßdienern noch einmal einen mächtigen Respekt vor diesem grobschlächtigen Mann eingeflößt. Während der Predigt nun saß ich auf den Stufen des Hochaltars und konnte den Pater, der, wie damals üblich, mit dem Rücken am Altartisch lehnte und in die Gemeinde schaute, zwar hören, aber nicht sehen. Mit seiner unangenehmen Stimme begann er vom

* Namen geändert

Krieg zu erzählen. Von den Sorgen und Nöten der Landser und von der harten Zeit in russischer Gefangenschaft bei Wasser und Brot. Seiner Schilderung zufolge mussten die deutschen Gefangenen täglich bis zu 16 Stunden, selbst an Sonn- und Feiertagen, schuften. Zum Essen bekamen sie dabei nur eine dünne Kohlsuppe und eine Scheibe trockenes Brot, so dass viele von ihnen erkrankten und schließlich vor Hunger und Schwäche starben.

Ein Gefangener, ein noch sehr junger Bergmann aus dem Ruhrgebiet, saß nach der Arbeit oft still in einer Ecke des überfüllten Raumes und war ganz in sich versunken. Einigen seiner Kameraden fiel zwar auf, dass er jedesmal, wenn es Brot zu essen gab, damit begann, in seiner Ecke heimlich zu kramen. Man registrierte es wohl, aber niemand machte sich darüber Gedanken oder fragte nach. Die Zeit verging und es wurde Weihnachten. Am Heiligen Abend saßen die Gefangenen zusammen, dachten an die Heimat, die Familien, an Frauen und Kinder. Einer hatte einen Kerzenstummel, den er weiß Gott wo aufgetrieben hatte, angezündet, während ein gefangener katholischer Priester das Weihnachtsevangelium vorlas, ein Stück Brot segnete und dieses als Abendmahl an die geschundenen Kreaturen verteilte. Ein anderer Gefangener zog eine alte, abgegriffene Mundharmonika aus der Tasche und spielte leise und voller Inbrunst „Stille Nacht, Heilige Nacht."

Die Landser reagierten unterschiedlich. Einige sangen leise mit, während andere tief in Gedanken versunken vor sich hin starrten. Manche weinten leise oder sie verkrochen sich in einer Ecke, um ihre wahren Gefühle nicht zeigen zu müssen. Der Bergmann aus dem Ruhrgebiet aber ging zu seinem Lager, wühlte in seiner kärglichen Habe und zog eine kleine Krippe mit sämtlichen Figuren hervor. Eine Krippe, wie es sie wohl nur ein einziges Mal gegeben hat. Aus Brot geformt und mit Speichel zusammengeklebt. Aus dem Brot, das er sich förmlich vom Munde abgespart hatte.

An diesem denkwürdigen Heiligen Abend nun saß er da mit leuchtenden Augen und einem unerschütterlichen kindlichen Glauben vor seiner Krippe und betete voller Inbrunst zum Christkind. Mitten in Sibirien, bei eisiger Kälte und inmitten unvorstellbaren Elends.

Mein Vater, der selbst mehrere Jahre in russischer Gefangenschaft verbracht hatte, hatte mit seinen Erzählungen über Krieg und Gefangenschaft mein Interesse für derartige Berichte geweckt, und so war ich bis dahin höchst aufmerksam der Predigt gefolgt. Es entging mir deshalb auch nicht, dass sich die Stimme des Paters auf eine ganz merkwürdige Weise verändert hatte. Sie stockte, überschlug sich und setzte seltsam vibrierend wieder ein. Als die Predigt endete, war es geradezu unheimlich still. Man hätte, so wie es im Volksmund heißt, eine Stecknadel fallen hören können. Etwas irritiert schaute ich mich im Halbdunkel der Kirche nach Pater Albert um. Und da stand dieser so grob, so unbeholfen und kantig wirkende Mann mit der unangenehmen und lauten Stimme, vor dem wir Ministranten uns fürchteten, am Altar und zitterte am ganzen Körper. Die Hände suchten hinter dem Rücken am Altartisch Halt und über das Gesicht liefen Tränen.

Dieses Bild aus der Kindheit hat sich tief in mir festgesetzt, und jedes Jahr an Weihnachten, wenn ich beim Besuch der Christmette die Krippe anschaue, fällt mir Pater Albert ein – jener junge Bergmann aus dem Ruhrgebiet, der nach der Entlassung aus russischer Kriegsgefangenschaft das Abitur machte, Theologie studierte und zum Priester geweiht wurde. Ein Priester aus Überzeugung. Mit einer tiefen Frömmigkeit und einem unerschütterlichen Glauben an das Kind in der Krippe.

Das zuletzt Gesagte habe ich erst einige Jahre später erfahren. Aber diese Weihnachtspredigt hat dazu geführt, den Pater in einem anderen Licht zu sehen, ja ihn sogar auf irgendeine besondere Weise zu mögen. Und heute noch wünsche ich mir manchmal, so einfach, und so schlicht und so fest glauben zu können wie dieser geweihte Bergmann aus dem Ruhrgebiet.

Weihnachtsgruss aus russischer Kriegsgefangenschaft (Winter 1945/46), gemalt mit Bleistift und Tinte auf gebrauchtem Packpapier.

Paula Eckel

Ein Weihnachtsbrief

Liebe Renate! Ein kleiner Rückblick auf Deine Kinderzeit und Deine erste Puppe:

Weihnachten 1944: Vati war als Fliegerunteroffizier in Dänemark. In Deutschland gab es schon längst kein Kinderspielzeug mehr zu kaufen. Aber in Dänemark waren die Läden noch gefüllt – und so schickte Vati Dir zu Weihnachten Deine erste Puppe. Sie war ca. 25 cm groß, aus Zelluloid und trug eine dänische Tracht. Gleichzeitig schickte er aber noch eine viel größere Puppe nach Deutschland. Diesmal gab er sie einem Kameraden mit, der in Heimaturlaub fuhr. Leider kam diese Puppe nie an. Auch Nachforschungen blieben erfolglos.

Weihnachten 1945: In diesem Jahr bekamst Du eine Puppenstube, die Onkel Fritz Dir fertigte. Püppchen gab es aber nicht mehr zu kaufen. Doch in den beiden Bettchen lagen allerliebste kleine Teddybärchen (eins rosa – das andere hellblau). Ich nähte sie aus Deinen abgelegten Schlüpferchen, die aus Trikot waren und innen angerauht. Vom Kasseler Opa bekamst Du einen Musikclown, der eine Spieluhr als Innenleben hatte. Das Lied „Stille Nacht" ertönte, wenn man dem Clown auf den Bauch drückte. (Opa bekam diesen Clown von seinem Bahnhofschef geschenkt, der Dich so gern mochte, – das Spielzeug war aus der Kindheit seines gefallenen Sohnes).

Weihnachten 1946 gab es für Dich eine große Stoffpuppe mit Zöpfen, die ich für Dich genäht hatte. Aber viel lieber wolltest Du in bunten Bilderbüchern blättern und die Texte hören, die Du schnell auswendig lerntest.

Weihnachten 1947 nähte ich Dir aus einem alten Plüschmantel einen großen Teddybär.

Weihnachten 1948: Auf einem Weihnachtsmarkt konnten wir an einer Bastelbude einen aus Keramik wohlgeformten Baby-Puppenkopf kaufen, den man an einen selbstgefertigten Puppenkörper aus Stoff annähen konnte. Nur gegen Bargeld wollte der Händler den Kopf aber nicht abgeben, er verlangte außerdem Naturalien dafür. Am nächsten Tag fuhr Vati von Warburg extra nochmal nach Kassel und kam strahlend mit dem Puppenkopf zurück. Der Händler hatte zwei Flaschen Öl dafür bekommen, die beim Kornhaus gegen gesammelte Bucheckern eingelöst waren. Ich nähte den passenden Puppenkörper dazu, häkelte Jäckchen, Höschen und Mützchen. Auf dem Weihnachtsmarkt gab es auch noch ein Babyfläschchen mit Liebesperlenfüllung. Dein Weihnachtsglück war groß. Freudig wolltest Du Dein Baby der Oma zeigen. Aber im Übereifer warst Du auf der Treppe ausgerutscht. Wir hörten nur Rumms, Klirren und Schreien. Im Treppenhaus lagen viele kleine Scherben, die nicht mehr zu kleben waren. Ich tröstete Dich, einen neuen Kopf zu machen, was auch später (aus Stoff) geschah.

Weihnachten 1949: Endlich gab es nach Krieg und Währungsreform wieder gute Puppen zu kaufen. Nun aber war das Geld knapp. Bei einem damaligen Monatsgehalt von ca. 280 DM mußte man schon gut überlegen, wie man 50 DM für eine „Schildkröt-Puppe" abzweigen konnte, nach der Du Dir an Kettschau's Schaufenster bei jedem Stadtbummel die Nase platt drücktest.

Wie auch immer: zu Weihnachten saß Deine „Bärbel-Puppe" auf dem Gabentisch und mit dabei lag ein Büchlein über die gesamte Schildkröt-Puppen-Serie mit jeweils netten Geschichten dazu. Das Faszinierende für Dich waren aber die Buchstaben der Schrift. Alle Geschichtchen waren in Sütterlin-Schreibschrift gedruckt, die man zu Deiner Zeit in der Schule nicht mehr kannte. Du warest so begeistert von dieser Schrift und ließest nicht nach, sie gründlich zu erlernen. Das gesamte ABC mußte ich Dir in Groß- und Kleinbuchstaben vorschreiben. Schon nach kurzer Zeit konntest Du das ganze Büchlein selbständig vorlesen.

Lange hattest Du Freude an Deiner Puppe. Nach Dir spielten noch Dein Schwesterchen Christa und später Deine Tochter Angelika mit der „Bärbel". Danach lag sie bis zu Euerm Umzug nach Bochum wohlverpackt im Karton auf Euerm Speicher. Den späteren Umzug von Bochum nach Warburg überstand sie auch noch gut. Aber als Ihr Eure Möbel und alles entbehrliche Hab und Gut in Scherfede zwischenlagern ließet, hat wohl jemand beim Durchstöbern die Puppe „liebgewonnen". Trotz Nachforschungen tauchte sie niemals wieder auf.

Zufällig entdeckte ich jetzt in einem Versandkatalog eine gleiche Bärbel-Puppe der Marke „Schildkröt". Leider aber eine Nummer kleiner in der Ausführung als Deine eigene, die Du vor nunmehr 47 Jahren zu Weihnachten bekommen hattest.

Nun ist wieder Weihnachten, und ich schenke Dir in Erinnerung an Deine erste „Schildkrötpuppe" eine neue „Bärbel". Inzwischen ist sie eine begehrte Sammelpuppe geworden. Du kannst sie Dir ins Wohnzimmer setzen als Schauobjekt, verbunden mit lieben Erinnerungen an Deine Kinderzeit und an Deine

Mutti.

Du und Deine heissgeliebte „Bärbel-Puppe", Weihnachten 1949

Hans-Dieter Kersebaum

Eine schöne Bescherung

Vater war Polizist, kein Bulle, diensteifrig, streng, freundlich, versuchte gerecht zu sein. Trotz der vier Kinder, wovon zwei bereits den Kinderschuhen erheblich entwachsen waren – der eine davon würde bereits bald eine eigene Familie haben, wusste es aber zu diesem Zeitpunkt noch nicht – musste Vater auch mal an einem „Heiligen Abend" Dienst tun. Noch später ließ er es sogar zur Gewohnheit werden, damit die Familienväter mit kleineren Kindern dienstfrei waren. Vater war also nicht da. Er würde etwa gegen dreiundzwanzig Uhr zu Hause eintreffen, das war erheblich zu spät für die beiden Kleinen, die immerhin auch schon elf und zwölf Jahre alt waren, aber noch ans Christkind, sogar an den Klapperstorch glaubten. Also packte Mutti uns ins Bett. Die Bescherung sollte dann eben erst am ersten Weihnachtstag stattfinden.

Natürlich schliefen wir ein. Irgendwann in der Nacht, vermutlich noch vor Mitternacht, wurden wir wach oder geweckt. Mit nackten Füßen tapsten wir zur Wohnzimmertür. Vielleicht war das Christkind gerade da. Tatsächlich, durch das Schlüsselloch sahen wir, dass noch irgendein Lichtlein im Zimmer brennen musste. Sehen konnten wir nichts, nicht einmal den Weihnachtsbaum. Das Christkind musste auf jeden Fall gerade in unserem Wohnzimmer sein. Woher sollte denn sonst der Lichtschimmer kommen, waren doch alle anderen Räume dunkel? Aufgeregt gingen meine jüngere Schwester und ich in unser Zimmer zurück. An Schlaf war nicht mehr zu denken. Wir wussten zwar nicht, wie spät es war – wir kannten die Uhr, bekamen aber üblicherweise die erste zur Konfirmation geschenkt und die lag noch ein Stück Lebensweg vor uns –, aber bald musste ja das Christkind seine Geschenke ausgepackt und sortiert haben. Dann konnte die Bescherung beginnen.

Doch welche Enttäuschung! Beim nächsten Kontrollgang war das Zimmer dunkel. Vorsichtig und nahezu lautlos versuchten wir die Tür zu öffnen. Vergebens! Das Christkind hatte sie doch tatsächlich abgeschlossen. Leise zogen wir uns in unser Schlafzimmer zurück, versuchten wohl noch mal zu schlafen, aber bei all den unbekannten Herrlichkeiten hinter der versperrten Tür kann kein erwartungsfrohes Kind auf dieser Welt träumen.

Aufgeregt hielten wir uns gegenseitig wach. Nach einer Weile ging ich zum Elternschlafzimmer rüber, um die Eltern zu wecken. „Mutti! Papa! Das Christkind war da. Wir haben gesehen, dass in der Stube Licht war, und jetzt ist es dort dunkel. Wo ist das Christkind jetzt? Wir waren doch so artig! Jetzt hat es uns ohne Bescherung verlassen!"

„Es kommt, wenn ihr jetzt brav schlafen geht, wieder. Sobald es Tag wird. Es dauert noch einige Stunden bis dahin." Mit dieser Antwort wollte Mutter uns Quälgeister los werden, während Vater den Schlaf des Gerechten schlief und laut schnarchte. Gehorsam gingen wir in unser Zimmer zurück. Meine Schwester war mir gefolgt, weil sie ja sonst eventuell etwas verpassen könnte, mich aber auch unterstützen wollte. Wir waren oft entgegengesetzter Meinung, aber zu Weihnachten waren wir uns immer einig.

In immer kürzer werdenden Abständen huschte einer von uns in das elterliche Schlafzimmer, um sich nach der bald möglichen Bescherung zu erkundigen. Vater war inzwischen auch durch uns geweckt worden. Er durfte doch nicht einfach schlafen, wenn das Christkind zu jeder Sekunde seine Schritte wieder zu uns lenken konnte! Für die Eltern war also auch die Nacht vorbei, bevor sie erst richtig begonnen hatte.

Jede Nacht, auch die längste, geht einmal vorüber. Strahlend und singend standen wir um den Weihnachtsbaum. Alle, auch die größeren Geschwister, schielten schon zu der Stelle, wo die Geschenke aufgebaut waren. Endlich konnten wir diesen Platz aufsuchen. Hell klangen unsere Stimmen: „Guck mal!" „Sieh doch!" „Und ich!" „Danke!" „Danke!"

Es gab nie wieder eine Bescherung am ersten Weihnachtstag, nur noch am Heiligen Abend. Wenn wir dann in der Nacht darauf noch nicht schlafen konnten, weil das empfangene Glück sich in unseren Herzen Luft verschaffen wollte und wir immer wieder Besitz von unseren Geschenken nehmen und die Süßigkeiten probieren mussten, konnten unsere Eltern wenigstens ruhig schlafen. Unsere Freude wurde nicht so laut geäußert, dass andere deshalb nicht schlafen konnten. Gab es doch notfalls auch noch „schlagende Argumente". Obwohl, zu Weihnachten? Ich glaube, nie!

Antonia Klaholz

Friede auf Erden?!

Soi würn oin bieten affkämpfet, düsse boiden, doi oines Dohes vorr dwoidiusend Jäoern in Betlehem ankoimen. Soi harrn teo Feote oinen langen Wierg hinner sick und wulln nix anners ass oinen Platz, sick iutteoroggen un an oinen Fuer teo sitten.

Äwwer oine Hierbierge moßte oll soin: Doi Nächte würn kalt und datt Woiw wass schwanger. Doi Mann harr datt junge Woiw uppmuntert. Hoi würe in Betlehem uppwußen und hoi häre viele Verwandte und Bekannte. Hoi wull wall oine Unnerkunft finnen.

Ass hoi äwwer unnerwähens doi vielen Luhe sach, doi ankoimen und aak wieher affroisen, kreig hoi doch Bedenken.

Wür doch datt Blohe oll in Nazareth uppe Welt kumen! Dann här Maria sess Wieken Schantoid und hoi här olleine düse Roise moket, doi doi römischke Koiser Augustus befohlen harr. Äwwer Maria harr ühne seo merkwürdig ankieken, ass hoi därvan kore.

Und dann wass in soinen Innersten oine Stimme: „Du Betlehem im Lande Juda bist keineswegs die geringste unter Judas Fürstenstädten, denn aus dir wird hervorgehen der Fürst, der mein Land regieren soll."

Niu kamm ühne oine Ohnung. Ett moßte wall ollens seo soin. Datt junge Woiw harr tapfer iuthallen und niu würn se an ohren Ziele.

Hoi kloppe an oine Hierbierge an, sach äwwer gloik, datt hoi nix teo moken wass. Doi Wirt wass nich unfründlick, ass hoi soinen Kopp schülle. Hoi dachte: „Datt Woiw doit moi leid. Wie kann man seon jung Ding in düssen Teostand seoviel Ungemack iutsetten."

Hoi moine, mäohern wull hoi oinen Platz froihallen. Äwwer forr düsse Nacht mößten soi sick oin anner Quartier soiken. Bei soinen vielen Verwandten un Bekannen ging ett juste seo. Soi harrn olle ohren kloinen Huiskes proppevull. Olle Pferche un Wesen würen vuller Isel.

Däa wurd Josef van Bedroiwnis üerwermannt. Hoi kloge teon Hiemel: „Hiergott, wäarümme doist Diu moi datt an! Ett goht nich ümme moi. Häst Diu denn koin Hierte forr datt Woiw? Weo sall denn dat Blohe uppe Welt kumen? Ick sohe doch, ett diuert nich mei lange."

Un däa wass ett ühne, ass wenn oin kloin Lecht wie Niewel vorr ühne wass.

„Sall dat wall oin Toiken soin? Hoi kaik Maria an. Ütt nicke und dachte: „Stall und Krippe!" Un däa wußte Josef upp oinmäal, weohänne hoi unnerwähens wass. Hoi wußte, däa wass oine Höhle. Däa wass Schutz un aak oin bieten Wierme. Ass hoi in soine Jugend nachts boi diern Schäapen wachen moßte, harr hoi jümmer oin kloin Fuherken moket.

Hoi wass aak Platz forr soinen Isel. Ass soie ankoimen, hulp hoi Maria van diern Isel und moke sick upp, Woter, Holt und Högg teo soiken.

Maria sette sick in diern lesden Sunnenschoin un wass upp oinmäal ganz stille un wie dorrsichtik un fäng an teo bähen.

Ass Josef nach ner geriumen Toit trügge kamm, wunnere hoi sick. Iut doi vorrhär duisteren Höhle kamm oin Lecht.

Maria stund an oine Kriwe un därinne rehe sick watt: Oin Kind, oin Kind, grod uppe Welt kumen. Hoi verstund nix un wass wie verstoinert.

Niu wurd ett jümmer heller un hoi moine, ett würn Gestalten in diern Lecht teo sohen. Dann hore hoi Gesang: „Ehre sei Gott in der Höhe und Frieden den Menschen auf Erden."

Seo kannet wirst soin vor twoidiusend Jäohern. Oder aak nicht!

Äwwer Frehe upp Ähren! Watt iss datt?

HEINZ MÖNKEMEYER

Sie waren nur einfache Hirten

Auch Hirten im Feld vor den Toren
erstrahlte hell leuchtend der Stern.
"Heut ist euch der Heiland geboren,
mit euch sei der Friede des Herrn!"

Erfüllt von gewaltiger Kunde
der Engel, vom himmlischen Schall,
sie gingen und fanden zur Stunde
das Kind in der Krippe, im Stall.

Was einst durch den Mund der Propheten
verheißen: Sie durften es sehn.
Da knieten sie nieder zum Beten
und ließen die Gnade geschehn.

Sie brachten dem Kind ihre Gaben:
nicht Weihrauch noch Myrrhen noch Erz.
Was konnten die Beter schon haben?
Nicht mehr als ein gläubiges Herz!

Sie waren nur einfache Hirten.
Das Feld war ihr ärmliches Reich.
Sie trugen nicht Kronen noch Myrthen
und wurden doch Königen gleich!

Hildegard Giefers

Wie Maria und Josef an einen Esel kamen

Als der Kaiser Augustus zur Volkszählung aufrief, passte das dem Zimmermann Josef aus Nazareth ganz und gar nicht in sein Tun und seine Pläne. Maria, die er mit seiner Liebe vor dem Gerede der Leute schützte, würde gerade um die Zeit herum ihr Kind bekommen. Ein Sohn würde es sein, der nicht des Josefs Sohn war, noch eines anderen Mannes, auf den er bis aufs Blut hätte eifersüchtig sein können. Zu verstehen war das nicht, es war ein Geheimnis, das auch Maria nicht verstand. Aber weil sie der Botschaft des Engels glaubte und dem, der ihn zu ihr geschickt hatte, sagte sie ja zu allem Unbegreiflichen. Worauf die Furcht von ihr abgefallen war, die Furcht vor ihrer Familie, die Furcht vor den harten Urteilen der Leute im Dorf. Nun aber zurück zu Josef. Den hatte des Kaisers Befehl in der Werkstatt erreicht. Dort vollzog Josef letzte Vervollkommnung mit Hobel und Feile an einem Prachtbett für Maria und das Kind. Kein Spänchen, kein Splitterchen entging dem Tasten seiner Finger. Niemals hätte er zugelassen, dass Maria auf Fellen und Decken am Boden ihren Sohn geboren hätte, wie die anderen Frauen im Dorf. Und nun diese Volkszählung! Aber alles Klagen und Zagen half nicht weiter. Gehorchen mußte man den hohen Herren, die beim Befehlen keine Rücksichten kannten. Und auch das Gespräch mit Maria durfte er nicht mehr aufschieben. Sie mussten sich ja bald auf den Weg machen nach Betlehem.

So ging Josef hinter das Haus, wo die Windeln zum Bleichen ausgebreitet lagen. Sie waren vom feinsten Linnen, das Maria je gewebt hatte. Sie stand da ganz versunken, als horche sie in sich hinein. Josef hustete, damit sie nicht erschrecke. Ihr Lächeln machte ihm Mut, alles Beunruhigende zu erzählen. „Das alles gerade jetzt", sagte Maria. Sie sah plötzlich sehr erschöpft aus und lehnte sich an Josefs Schulter. Den durchfuhr in seiner Hilflosigkeit und seinem Mitleid eine Idee: „Das breite Bett kann ich mit vier Rädern zu einem Gepäckwagen, der uns begleiten soll, umrüsten." Das würde die junge Mutter freuen und wieder aufrichten. Durch und durch begeistert von dem Gedanken brachte er vier große starke Räder zuverlässig und schnell in der Werkstatt an, betrachtete sein Werk, band feste Stricke an zwei Bettpfosten und los ging's mit dem erstaunlichen Gefährt, dieser Pracht auf Rädern, zum Bleichplatz. Dort sah Maria erstaunt auf. Ein Lachen entspannte ihr Gesicht und steckte Josef an. „So ist es richtig, das tut ihr gut", dachte er ganz erleichtert. „Wir wollen Decken, die Kindersachen, Brot und Ziegenkäse und Honig und, was meinst du, den roten Teppich aus der Stube, in die der Engel kam, hinauflegen." „Ach,

Josef", sagte Maria und legte ihre Hand auf seine Schulter. „Du hast wieder zuviel an mich und nicht an die Wege gedacht. Sie sind zu beschwerlich für mein wunderschönes Bett. Es muss etwas anderes her zum Tragen des Gepäcks und zum Ausruhen." Da wurde Josef das Herz schwer von neuerwachter Sorge. In seiner Trostlosigkeit erreichte ihn eine Stimme von der Gasse her: „He, Zimmermann, wird heute nicht gearbeitet, bist wohl ein Herr, der seine Hände schonen kann?" Die Stimme passte in ihrer Härte zu dem Steuereintreiber, der träge auf seinem starken Esel sitzend in den Garten und neugierig auf Maria schaute. Aber was sah er denn da, narrte ihn die Mittagshitze? Da stand ja ein Bett, ein richtiges Bett, wie es schöner kein Römer haben konnte, und wie es seine Frau, mal mit Schmeicheln mal mit tagelangem Trotzen, von ihm erzwingen wollte. Hier war die Gelegenheit, damit wieder Ruhe in seinem Haus einkehrte. Dieses Prachtbett! Er wollte, er musste es haben.

Josef aber war sofort beim Anblick des jungen starken Esels aus seiner Traurigkeit erwacht. Ein Esel, das war es, was sie brauchten. Ließen ihn denn seine Liebe und seine Sorgen nicht mehr vernünftig denken? Er wollte, er musste den Esel haben. So kam die Frau des Steuereintreibers an ein Bett, ihr Mann hoffentlich zu seiner Ruhe. Maria und Josef bekamen einen Esel. Der schnaubte ein „I-A" so sanft und fast melodisch in Marias Hand, die seine Nase kraulte, als Josef ihm den Teppich aus der Stube der Botschaft über seinen willigen Rücken legte.

Alfons Bungert

Christbaum und Weihnachtskrippe

„Könntest du dich dafür erwärmen, mit mir nachher im Wald ein kleines Moospolster für deine Weihnachtskrippe zu holen?", kam mir meine Mutter mit einer Bitte, als sie mich am Bahnhof zu Beginn meiner Weihnachtsferien abholte. Kaum hatten wir Zuhause mein Gepäck abgestellt und eine Tasse Kaffee getrunken, als wir auch schon den Weg zum nahen heimatlichen Wald einschlugen. Unserem Gespräch schickte die Mutter die Worte voraus: „Ich hatte nicht das Herz, allein in den Wald zu gehen, und baute auf deine Begeisterung für die Weihnachtskrippe."

„Bei uns gehören der Christbaum und die Krippe darunter zu Weihnachten; ich finde beide unentbehrlich", gab ich meiner Mutter Recht.

„Deine Liebe zur Weihnachtskrippe kenne ich, seit du für mich vor dem Krieg zu Weihnachten aus den Resten einer Sperrholzplatte den Stall von Betlehem zusammengeleimt hast", erinnerte mich meine Mutter an meinen nicht ganz geglückten Versuch, eine Weihnachtskrippe zu basteln. „Dieser Stall, Mutter, stand ein bisschen windschief unter dem Christbaum. Vater schenkte mir dann 1939 zur ersten Kriegsweihnacht den Stall, der noch immer zu Weihnachten unter unserem Christbaum steht, dazu die passenden Figuren von Maria und Josef und dem Kind in der Krippe. Auch zwei Schäfchen gehörten dazu." So führte ich die Erinnerung weiter.

Bald hatten wir den Wald erreicht. Ehe wir uns nach Moos bückten, seufzte meine Mutter und knüpfte an meine vorigen Worte an: „Du hast dich damals über dein Weihnachtsgeschenk von Vater sichtlich gefreut. Für mich war der Heilige Abend eher traurig. Ihr Kinder habt das wahrscheinlich weniger empfunden. Euer Vater musste zu Weihachten in der Kaserne bleiben. Auch in den Jahren darauf blieb sein Platz zu Weihnachten in unserer Stube leer."

Drei Hände voll Moos für den Stall von Betlehem hatten wir rasch aufgeklaubt. Der Heilige Abend konnte kommen und wurde in der guten Stube nach gewohnter Weise begangen. Solange wir Kinder waren, hielten wir uns unter Aufsicht der Tante voller Ungeduld in der Küche auf, bis das Glöckchen läutete und wir eingelassen wurden. Unsere Augen leuchteten im Kerzenschein des Christbaumes vor Glück, wir sangen „Stille Nacht, heilige Nacht" und schauten auf die Herrlichkeiten, die unter dem Baum ausgebreitet lagen. Nachdem Vater kurz vor Weihnachten 1945 aus der Kriegsgefangenschaft heimgekommen war, durfte ich den Christbaum schmücken helfen und am Abend beim Schein der Kerzen das Weihnachtsevangelium vorlesen. In der Nacht gingen wir gemeinsam in die Kirche zur Christmette.

Es kam die Zeit, zu der ich mit anderen Menschen Weihnachten feierte. Als aber meine Lieben zu mir ins Pfarrhaus zogen, begingen wir den Heiligen Abend auf die gewohnte Weise mit dem Christbaum und der Weihnachtskrippe, bis ein für uns trauriges Weihnachtsfest kam. Ich musste über Weihnachten im Krankenhaus bleiben, und meine Mutter starb wenige Tage vor dem Fest ganz plötzlich am Abend, nachdem sie mich am Nachmittag im Krankenhaus besucht hatte. Zu Weihnachten fehlte der Christbaum. Für mich standen Tannenzweige auf meinem Tisch im Krankenzimmer.

Im Jahr darauf sagten wir uns vor Weihnachten: Unsere Mutter wird es nicht haben wollen, dass wir an Weihnachten trauern. Also behielten wir unsere Bräuche bei, vor allem in Rücksicht auf unsere alte, kranke Tante. Mein Freund fuhr mit mir zum Rosentor, wir suchten ein schöngewachsenes Bäumchen aus und schmückten es zur Freude für die Tante. Als sie wenige Wochen später starb, waren wir ein wenig getröstet, weil wir den Heiligen Abend festlich mit ihr begangen hatten. Bis zum Tod des Vaters gab es den Christbaum, der nach dem Heimgang unseres Vaters in einer kleineren Wohnung durch Tannenzweige ersetzt wurde. Den Stall von Betlehem ließen wir auf dem Speicher stehen. An seine Stelle traten etwas größere Krippenfiguren, die Vater in seinen letzten Jahren ins Haus gebracht hatte: Maria und Josef mit dem Kind in der Krippe, alle in Holz geschnitzt. Aus unserem Bekanntenkreis kamen ein paar kleine geschnitzte Engel hinzu. Diese Figuren künden uns bis heute am Weihnachtsfest die frohe Botschaft und vertiefen in uns das Festgeheimnis, wie es die Hirten vom Engel des Herrn hörten: Ich verkünde euch große Freude. Heute ist euch der Retter geboren in der Stadt Davids. Er ist der Messias, der Herr.

Marianne Zieger

Traum oder Wirklichkeit?

Es war am Tag vor Heiligabend. Da öffnete sich die Tür des Amtsgerichtes. Heraus traten einige Leute, darunter auch Tanja und Bernd Peters, eben geschieden. Grußlos gingen sie auseinander. Mit den Tränen kämpfend, ging Tanja durch die festlich geschmückten Straßen. Schließlich betrat sie eine Kirche, um sich dort auszuweinen. Ihren Glauben hatte sie zwar verloren. Für sie war er nur für Kinder und alte Frauen da. Tränenüberströmt saß sie nun in der Bank und versuchte, mit ihrem Kummer fertig zu werden.

Plötzlich hörte sie eine Stimme, die fragte: „Sage mir, warum du weinst, mein Kind!" Tanja erschrak und sah suchend umher; aber die Kirche war leer. „Was geht das dich an? Wer bist du überhaupt?", fragte sie. „Ich bin der, der schon immer war." „Das verstehe ich nicht. Komm heraus aus deinem Versteck! Wo bist du?" „Ich bin überall, im Himmel, auf der Erde und im ganzen Universum." „Hör auf mit dem Unsinn! Niemand kann überall zugleich sein. Was willst du eigentlich von mir?", fragte Tanja. „Ich will dir helfen. Sage mir, warum du so traurig bist!" „Mein Mann hat mich gedemütigt, geschlagen und verlassen. Das kann ich ihm nicht verzeihen. Unsere Ehe wurde soeben geschieden." „Soso, und du? Hast du dir nichts vorzuwerfen?" – „Naja! Einmal habe ich ihn im Urlaub betrogen. Das hat er mir nie verziehen." „Aha, ihr seid also beide aneinander schuldig geworden; aber vergeben kann keiner. Hast du schon einmal daran gedacht, dass ihr auch mich sehr traurig gemacht habt?" „Dich? Wieso? Warum?" „Weil ich euch liebe!" „Ach, hör doch auf!", rief Tanja erbost. „Liebe! Was verstehst du von Liebe? Es gibt keine Liebe!" „Und dennoch liebe ich dich!", sagte die Stimme, „und ich werde es dir beweisen. Ich nehme dich jetzt mit auf eine Zeitreise. Keine Angst, Tanja! Vertraue mir! Schauen wir uns die Ereignisse von vor 2000 Jahren an." –

Plötzlich befand sich Tanja in einem fremden Land mitten zwischen Hirten und Schafen. Sie sah Engel vom Himmel herabkommen und zu Gottes Lob und Preis singen, und sie vernahm die Botschaft: „Ehre sei Gott in der Höhe und Friede den Menschen, die guten Willens sind. Euch ist heute der Heiland geboren, welcher ist Christus, der Herr. Ihr werdet ein Kind finden, das, in Windeln gewickelt, in einer Krippe liegt."

Tanja erwachte wie aus tiefem Schlaf. „Das Kind in der Krippe, das du gesehen hast, ist der Friedensfürst, mein Sohn. Ich habe ihn der gesamten Menschheit geschenkt. Er ist der Beweis für meine Liebe. Deshalb feiert die christliche Welt mit großer Freude Weihnachten", hörte Tanja wieder die Stimme.

„Als Kind hielt ich das alles für ein wunderschönes Märchen. Später habe ich den Rummel um das Fest gehasst und war froh, wenn alles vorbei war, – und wie wird es im nächsten Jahr? Ich fürchte das Alleinsein, die Einsamkeit." „Aber Kind, du warst und bist nicht allein. Ich bin bei dir, auch wenn du mich nicht siehst." „Ach, wenn ich das nur glauben könnte!", seufzte Tanja. „Was soll ich nur tun? Was verlangst du von mir?", fragte sie. „Ich möchte, dass du mich liebst, mich, der dich ins Leben gerufen und dich als sein Kind angenommen hat. Geh zum Kind in der Krippe, zu meinem Sohn! Überdenke ehrlich dein Leben! Finde heraus, wo du schuldig geworden bist! Bitte das Kind um Vergebung, und ich werde dir mein Erbarmen schenken. Dann wirst du Frieden finden, und ein neues Leben beginnt für dich." Sie antwortete: „Alles, was du sagst, ist so wunderschön. Sag, wer gibt dir das Recht, so zu sprechen? Bist du etwa – Gott?"

„Ja, hast du es endlich gemerkt? Es hat lange gedauert." „Um ehrlich zu sein, ich wollte es nicht wahrhaben, nicht wissen. Ich habe immer gedacht: Gott ist ein Tyrann. Er gibt zehn Gebote, und niemand kann sie halten, und die Strafe soll furchtbar sein. Ich aber wollte frei sein, tun, was ich wollte, niemandem Rechenschaft ablegen müssen, auch keinem sogenannten Gott. Aber jetzt ist plötzlich alles ganz anders." „Du liefest vor mir davon, warst verloren, mein Kind; aber ich habe dich gesucht, weil ich dich liebe." „Sage mir, Vater, wie ich deine Liebe vergelten kann. Du bist so weit weg." „Bisher, Tanja, hast du dich selbst in den Mittelpunkt gestellt. Nun schau dich um und schenke deine Aufmerksamkeit, deine Liebe, Hilfe und Fürsorge denen, die arm, krank, verlassen oder traurig sind, und ich, Kind, werde immer bei dir sein und dir Kraft dazu geben." Nun schwieg die Stimme. War's Wirklichkeit? War's ein Traum? Tanja wußte es nicht. Aber sie ahnte, dass etwas Entscheidendes mit ihr geschehen war.

Christof Störmer

Späte Einsicht

Das Weihnachtsfest in der Warburger Börde war für uns Kinder nicht mehr dasselbe, das es gewesen ist, als wir noch an den Weihnachtsmann geglaubt haben. Genauer gesagt, glaubten wir als katholische Christen ja an das Christkind, welches uns, wenn wir brav waren, mit allerlei Gaben überhäuft hat. Erstaunlicherweise brachte das Christkind auch meistens genau die Sachen, die wir uns sehnlichst gewünscht hatten. Dieser Reiz war schnell verloren, als wir dahinterblickten, wer die Geschenke für die Kinder wirklich besorgte. Ich war als Kind schon sehr verwundert, als ich genau die Spielsachen, die auf meinem Wunschzettel standen, vier Wochen vor Weihnachten im Schlafzimmerschrank meiner Eltern hinter den noch eingepackten Bettbezügen gefunden hatte. Zuerst konnte ich diese wundersame Erscheinung im Schlafzimmerschrank gar nicht einordnen. Als ich jedoch, ein wenig weiterschnüffelnd, auch Spielzeug fand, das sich mein Bruders Thomas gewünscht hatte, war für mich alles klar; die eigenen Eltern als Handlanger des Christkindes, welch enttäuschende Vorstellung.

Jetzt stand ich da mit diesem großen Geheimnis. Sollte ich meinen kleinen Bruder einweihen, oder stehle ich ihm damit alle Illusionen rund um das Weihnachtsfest. Bevor ich den Gedanken zu Ende denken konnte, stand er jedoch schon hinter mir. Obwohl Thomas eineinhalb Jahre jünger ist, durchblickte er die Situation sofort. Wir beschlossen an diesem Tag gemeinsam, unsere Eltern weiterhin in dem Glauben zu lassen, die Geschenke kommen vom Christkind. Schließlich wollten wir ihnen das Weihnachtsfest auch nicht verderben.

Der Heiligabend war in diesem Jahr durch diese besonderen Umstände besonders interessant. Hier waren schon einige schauspielerische Fähigkeiten gefragt. Wir freuten uns sehr auf die Geschenke, auch wenn wir sie zuvor schon gesehen hatten. Die schwierigste Situation kam dann beim Auspacken. Zuerst mussten wir so tun, als wären wir überrascht und danach, und das war viel schwieriger, durften wir nicht lachen, wenn wir uns gegenseitig anschauten. Aber an diesem heiligen Abend hatten wir alle Anforderungen perfekt gemeistert.

Im Laufe des folgenden Jahres bekamen unsere Eltern irgendwie mit, dass wir von ihrer ehrenamtlichen Tätigkeit wussten. Ab Herbst wurden ihnen alsbald die Geschenkwünsche mitgeteilt. Je älter wir wurden, desto spezifischer wurden die Wünsche. Ich kann nicht sagen, dass wir als Kinder unbedingt alles haben wollten, aber wenn wir uns etwas ausgesucht hatten, so musste es auch unbedingt das gleiche sein und nicht etwas ähnliches. Das zufällige Auffinden unserer Weihnachtsgeschenke sollte nur der Anfang einer Serie von jährlich stattfindendem Suchen nach Weihnachtsgeschenken im Hause Störmer sein. Wir hatten Mitte der siebziger Jahre reichlich Erfahrung mit dem Aufspüren. Jedes Jahr wurden die Spielsachen, teilweise auch größenabhängig, an einer anderen Stelle versteckt. Wir fanden sie trotzdem. Wir waren uns unserer Sache so sicher, dass wir einige Geschenke vor Weihnachten bereits mehrfach hervorholten, gewissermaßen vorher schon ausprobierten. So kann ich mich zum Beispiel an meinen Kassettenrecorder erinnern, mit dem ich vor Weihnachten bereits über 20 Musikkassetten aufgenommen hatte. Das war gar nicht so einfach. Jedes Mal vorsichtig auspacken, in Betrieb nehmen, Musik aufnehmen, wieder einpacken und genau so hinlegen, wie die Eltern das Geschenk für uns versteckt hatten – und das mit meinen zwölf Jahren. Das Aufnehmen konnte immer nur dann stattfinden, wenn die Eltern mal für zwei Stunden nicht zu Hause waren. Es konnte auch schon einmal vorkommen, dass sie eher nach Hause kamen und die vorweihnachtlichen Gaben noch offen in unserem Zimmer lagen. Dann wurden die Geschenke sofort irgendwo zwischengelagert, um dann zu einem späteren Zeitpunkt in das Original-Versteck zurückgebracht zu werden.

Auf dem Höhepunkt unserer Schnüffelkarriere hatte sich mein Bruder einen Elektrobass gewünscht, um in unserer Schülerband als Bassist mitspielen zu können. Selbstverständlich wurde auch dieses Instrument mehrere Male vor Weihnachten aus dem Versteck geholt, schließlich musste Thomas ja schon ein bisschen üben. Dann, einen Tag vor Weihnachten, passierte es. Nach mehrmaligem Üben musste die Bassgitarre auch einmal gestimmt werden. Fachgerecht drehte mein Bruder an der Stimmschraube den Ton nach oben. Mit jeder Drehbewegung spannte sich die Saite mehr und dann, plong..., war sie gerissen. Thomas und ich schauten uns entgeistert an, uns wurde ganz anders. Wo sollten wir einen Tag vor Weihnachten noch eine neue Basssaite her bekommen? Es war Samstag, und wir hatten keine Möglichkeit mehr, von unserem Dorf Dössel in die Stadt Paderborn zu kommen, um eine neue Saite zu erwerben. Nun würde alles auffliegen, dachten wir. Unsere Gefühle spielten Achterbahn mit uns und wechselten von Angst über Scham bis hin zur bittersten Reue.

Im letzten Moment kam dann doch noch die zündende Idee. Es gab in unserem Dorf damals noch einen Bassgitarristen. Wir pilgerten sofort zu unserer letzten Hoffnung am Weihnachtsvorabend. Schnell hatten wir unsere missliche Lage erklärt und für einiges Gelächter gesorgt, obwohl uns gar nicht zum Lachen zumute war. Jedenfalls bekamen wir die besagte Saite über die Feiertage ausgeliehen. Glücklich rannten wir nach Hause, zogen die Saite auf das Instrument und stellten es schnell wieder in das Versteck.

Plötzlich fanden wir es gar nicht mehr so spannend, Weihnachtsgeschenke schon vorher zu suchen und zu benutzen. Nach diesem Erlebnis haben wir nie wieder ein

Geschenk vor Weihnachten aus dem Schrank geholt, auch wenn wir wussten, wo es versteckt war. Im Gegenteil, es wurde wieder richtig spannend, Pakete am Weihnachtsabend unter dem Tannenbaum auszupacken und eine echte Freude zu empfinden. Als mein Bruder in diesem Jahr die Bassgitarre auspackte, mussten alle Kinder lachen. Meine Eltern wissen wohl erst jetzt, nachdem sie diesen Bericht gelesen haben, warum!

Hans-Werner Kulinna

Eine Tür für dich

Eine Tür zu Macht und Ellenbogendenken,
eine Tür zu Dienstlichkeit und Organisation,
eine Tür zu Abhängigkeiten und Hierachien,
eine Tür zu Oberflächlichkeit und Ironie,
eine Tür zu Intoleranz und Ideologie,
eine Tür der Zwietracht und des Hasses,
eine Tür zu Aggression und Krieg,
eine Tür zu falschen Sicherheiten,
eine Tür zu Scheinwelten und Illusionen,
sie bietet uns Einlass in den Untergang der Welt.

Eine Tür zu Liebe und Zuneigung,
eine Tür zu Wahrheit und Ehrlichkeit,
eine Tür zu Versöhnung und Frieden,
eine Tür zu Toleranz und Verständnis,
eine Tür zu Hoffnung und Gesundheit,
eine Tür zur Bescheidenheit und Demut,
eine Tür des Wartens und der Rücksichtnahme,
eine Tür des Dankes und der Erinnerung,
eine Tür zu Schlichtheit und Einfachheit,
eine Tür zum Geben und Helfen,
eine Tür zum Zuhören und Trösten,
sie bietet uns Einlass in das Leben.

HEINRICH SCHAUERTE

Es ist, als schwebten holde Engel...

„Am Weihnachtsbaum die Lichter brennen,
Wie glänzt er festlich, lieb und mild,
Als spräch' er: Wollt in mir erkennen
Getreuer Hoffnung stilles Bild." *Kletke*

Kalter Dezembersturm pfeift durch das kahle Geäst der Bäume und schlägt die Kronen mit grober Faust aneinander. Das Winterlaub der Buchenjugend umrauscht uns. Und doch ist der Wald feierlich still in seinem Schneekleide. Gar vielen Besuch bekommt er in diesen Tagen; man sucht die frohe, grüne Tannenjugend auf, fällt die schönsten Kronen und trägt sie mit ihrem würzigen Waldesduft in die Häuser. Das frische Nadelgrün überbringt den Weihnachtsgruß der schlummernden Natur. Die junge, treue Tanne wird als Christbaum hergerichtet.

Mit inniger Freude wird der Weihnachtsbaum geschmückt, heimlich jedoch, damit die Kinder ihn nicht eher sehen, als bis das Christkind bei den guten, frommen Menschen Einzug hält.

Der Volksglaube hat die Pflanzenwelt eng mit dem Weihnachtsfeste verbunden. Die Legenden wissen Wundersames zu erzählen von blühenden Bäumen, die in der heiligen Nacht zu jungem Leben auferstehen. Dieses heimliche Aufwachen der Pflanzen und Bäume ruft die Sehnsucht hervor, solche Wunder der Natur im eigenen Hause zu hegen, und so ist dann die Sitte entstanden, auf Sankt Barbara Zweige von Obstbäumen ins Wasser zu stellen und sorgsam zu pflegen, damit sie bis zum Weihnachtstage Blüten treiben.

Die Tage von Weihnachten bis Dreikönige, die sogenannten zwölf heiligen Nächte, hatten bei unsern heidnischen Vorfahren eine große Bedeutung. Es ist zwar eine oberflächliche „Wissenschaft", die aus dem heidnischen Feste der Wintersonnenwende unser Weihnachtsfest entstehen läßt und sich müht, möglichst viele altgermanische Züge in die christlichen Volksbräuche hineinzudeuten. Nichtsdestoweniger mag es den Glaubensboten nicht leicht geworden sein, bei den blonden Recken Christliches von Heidnischem scharf zu trennen. Die Sitte, einen Weihnachtsbaum anzuzünden, ist erst zu Beginn der Neuzeit aufgekommen und lässt sich zuerst im Elsaß nachweisen.

Der heilige Abend ist gekommen. Am klaren Himmel hält das Sternenheer getreulich Wacht, wie um harrende, fromme, fröhliche Erdenkinder zu beschützen.

In der behaglich warmen Stube erglänzt der Weihnachtsbaum mit seinem Flitter und seinen Lichtlein. Golden und silbern funkeln die Kugeln im Scheine der still glühenden Flämmchen; die Kinder umringen ihn jubelnd und singen frohe Weihnachtslieder.

„Die Kinder stehn mit hellen Blicken;
Das Auge lacht, es lacht das Herz;
O fröhlich, seliges Entzücken!
Die Alten schauen himmelwärts." *Kletke*

Es ist, als schwebten holde Engel über dieser frommen Schar. Auch eines Sterbenden brechendes Auge schaut mit verklärtem Blick den Lichterglanz; ihm ist, als stiege ein Englein hernieder, um eine Seele für den Himmel zu holen heute am heiligen Abend.

Weihnachten ist unter den Festen des Jahres das anziehendste. Der in der Ferne Weilende denkt gerade am heiligen Abend mit doppelter Sehnsucht an seine Heimat und eilt, wenn er eben kann, in den Kreis seiner Lieben unter den brennenden Weihnachtsbaum.

Worin liegt denn dieser unwiderstehliche Reiz?

All die Freuden der Kindheit treten im Lichterglanz des Weihnachtsbaumes wieder vor das Auge des gereisten Menschen; er gedenkt seiner schönen, reinen, frohen Jugend, wird wieder Kind. Weihnachten ist ein Fest der Kinder, aber nicht minder ein Fest für die Erwachsenen, für die Gotteskinder. Sie alle schauen heute hin auf das Kind zu Betlehem und freuen sich der göttlichen Gaben. Weihnachten ist das Fest unbegrenzter Gottesliebe, und darum mag es so anheimelnd sein.

Freilich, die ungläubige Welt kennt diese reine Festesfreude nicht. Der gottentfremdete Mensch hört die Weihnachtsglocken läuten und rührt sich nicht, er starrt in den Kerzenglanz und bleibt kalt. Ihm fehlt das, was den Frommen die Weihnachtsfreude verleiht: demütiger Glaube und hehre Gottesliebe. Weihnachten ist eben nur ein Fest für Gotteskinder, für Christusgläubige; ihnen ist der Weihnachtsbaum wie ein Baum des Lebens im Paradiese.

Die Glocken läuten zur Christmette. In warme Kleider gehüllt, gehen heilsfrohe Gotteskinder hinaus in die stille Nacht, während droben die hellen Sternlein funkeln. Die frommen Beter treten ein in das schneebedeckte Kirchlein mit dem moosigen Turme im Schatten schweigsamer, altersgrauer Linden und versammeln sich zum heiligen Opfer. Orgelklang mischt sich mit frohem Sang aus begeistertem Munde. Weihnachtslieder ertönen, die singen und sagen von der Geburt des Weltenheilandes. So war es schon fast zwei Jahrtausende lang, und noch immer geht es weiter, fort bis ans Ende der Zeiten.

„O du fröhliche, o du selige,
Gnadenbringende Weihnachtszeit!
Welt ging verloren, Christ ist geboren:
Freue, freue dich, o Christenheit!"

Johannes Falk

Heinrich Schauerte in „Jahreszeiten", Gedanken aus Natur und Leben. Paderborn, 1926.

HEINZ MÖNKEMEYER

Eisblumen

Eisblumen – sie blühten am Fenster weiß.
Drin blitzten und blinkten die Sterne.
Oft hauchten wir Löcher ins Fenstereis
und schauten durch Blumen die Ferne.

Und vor den Türen, da tanzte gar wild
der Eiswind und schnob um die Ecken.
Sein Bruder, der Frost, der malte manch Bild
und spielte mit Scheiben Verstecken.

Ei!, war das ein Glitzern, ein Glänzen, ein Glanz,
ein Zauber aus eisigen Nächten –
oft denke ich still an den Eisblumenkranz,
den will mir heut niemand mehr flechten.

Sr. Bartholomaea Multhaupt

Ich grüße dich, heilige Stunde

Es fiel auf die dunkle Erde
in stiller Nacht ein Tau
und füllte mit reichem Segen
die schönste Blume der Au.
Weiß glänzte ihr Kelch, der reine,
der barg die goldene Flut,
wie schneeiger, hoher Gipfel,
auf dem die Sonne ruht.

Und heut' uns die weiße Blüte
ihr Tiefstes offenbart!
Sie öffnet die reine Hille
auf wunderbare Art.
Sie schenkt der Erde den Himmel,
der Nacht den neuen Tag.
Sie schenkt der Welt die Sonne,
die noch verborgen lag!

O selige, heilige Stunde!
Aufsteht das Himmelstor:
Es schreitet der ew'ge König
aus seinem Zelt hervor!
Und Sünde und Schuld der Erde
vergeh'n in seinem Licht!
Ich grüße dich, heil'ge Stunde,
in der der Tag anbricht!

Ich grüße dich, Heiland-Erlöser!
Mein Herz, es ist bereit!
Es kündet von deiner Liebe,
von glücklicher neuer Zeit!
Und alle, die liebend hoffen
und deiner Huld vertrau'n,
die werden in deinem Reiche
die neue Glorie schau'n.

Margarete Schrader

Klaus an der Krippe

Die Erzählung soll die Erinnerung
an den Barockaltar im Dom zu Paderborn wachhalten

Am Nachmittag – der Heilige Abend senkte sich schon sanft hernieder – verließ Klaus heimlich das Haus. Die Pader dampfte ihm entgegen wie kochendes Wasser, und die alten Bäume der „Insel" ächzten unter der Last des Schnees. Er lief durch das Domgässchen, dessen alte hohe Mauern in dem dicken weißen Pelz ganz verwunschen aussahen, über den Markt zum „Paradies" hinein. Es war schon dämmerig im Dom. Nur in einigen Seitenkapellen brannten Lampen, dort saßen auch vereinzelte Beter, tief in sich gekehrt. Schnell war er an der Kommunionbank, im Nu hindurch, und schon stand er vor dem Kreuz des rechten Seitenaltares. Wie mächtig es ihn anschaute; er musste einen Augenblick innehalten. Mit ein bisschen Herzklopfen stieg er langsamer die breiten Stufen hinan, am Chorgestühl vorbei. War es ihm nicht, als schnitten ihm die hohen, reich geschnitzten Köpfe desselben Grimassen zu?

Jetzt stand er endlich vor dem Altar; mein Gott, war der hoch! Er musste das Köpfchen weit zurücklehnen, wollte er ihn in seiner ganzen Größe sehen. Er stieß fast bis an das Gewölbe. Die goldenen, mächtigen, gewundenen Prunksäulen, auf denen Engel spielten und die mit Früchten und Blumen verziert waren, gefielen ihm besonders gut und erweckten seine ganze Bewunderung. Oben auf dem Gebälk ragten vier mächtige Gestalten auf, ihre hellen Gewänder gleissten in der Dämmerung zwischen Licht und Schatten wie ziehende Wolken; das waren die Kirchenväter, so hatte der Lehrer gesagt, im einzelnen konnte er sie nicht mehr deutlich erkennen, auch nicht die thronende Mutter Gottes, die in der Mitte saß und das Kind stehend auf ihrem Schoße hielt.

Aber er wollte ja auch das Bild sehen, das herrliche Bild! Es war schon fast ganz in Dunkelheit gehüllt; nur auf das Christkind fiel gerade ein schwacher Lichtschimmer von der Ewigen Lampe her. Was sollte er machen, wie kam er nur ganz nahe heran? Er blickte umher und entdeckte in einer Nische neben dem Altar das Holzbänkchen, das gebraucht wurde, wenn das Allerheiligste ausgesetzt wurde. Er stieß unversehens mit dem Fuß an den untersten Absatz, so dass das Gepolter in den hohen Hallen widerhallte und er ordentlich erschrak. Einen Augenblick sah er sich vorsichtig um, dann war alles wieder still. Er stieg die Stufen hinauf und schwang sich behend von dem Bänkchen auf den Altartisch; ganz exakt wollte er so knien bleiben, dass nur gar keine Knicke und Falten in die kostbare rote Altardecke kamen. Nun griff er in die Tasche und holte ein Kerzchen heraus, steckte es an und leuchtete über das Bild.

Da lag das Christkind in einer einfachen Holzkrippe auf einem weißen Linnentuch, unter dem Kopf nur ein Bündel Stroh. Wie musste es frieren, ohne Decke, und wie hart musste das sein, ohne Kissen! Aber es schaute ihn trotzdem so freundlich an, dass er beschämt den Kopf senkte. Das konnte er sich merken, wie verdrießlich war oft ein gewisser Klaus, wenn ihm etwas nicht nach der Mütze ging!

Er beugte sich jetzt nahe heran, ganz nahe wollte er das Christkind sehen und ihm seine kleinen Hände entgegenstrecken und ihm seine große Weihnachtsbitte sagen, dass es doch der Mutter, die oft so traurig war, und ihm den Vater heimsenden möge aus Rußland, wo er nun schon zwei Jahre in Kriegsgefangenschaft weilte. Ja, deshalb war er hier! Aber dann musste erst dieser furchtbare Krieg zu Ende gehen, in dem schon soviel Blut und Tränen geflossen und in dem die Sirenen bei Tag und bei Nacht heulten, und wo man oft stundenlang in großer Angst im Keller sitzen musste, ob die Flieger ihre todbringenden Bomben abwarfen oder zur nächsten Stadt weiterflogen. Wenn das alles vorbei war, dann musste der Vater doch bald wiederkommen, darauf hofften sie beide so sehnlich, und das Christkind allein konnte da helfen! Noch einmal griff er in die Tasche und holte ein Strohkränzlein hervor, er schwenkte es strahlenden Auges vor dem Kind. Jedesmal, wenn er fleißig gewesen war, hatte ihm die Mutter Strohhälmchen geschenkt, und nun waren sie alle gerundet zum Kreise, gehalten durch ein blutrotes Band. Daran musste das Christkind doch Freude haben. Klaus schaute es selbst wohlgefällig an und hängte es dann ein bisschen versteckt an einen der großen barocken Leuchter, auf denen schon die hohen Festkerzen steckten. Noch einmal sah er das Christkind mit seinen großen Augen an; war es ihm nicht, als wenn es ihm jetzt zulächelte?

Er hielt das Kerzchen ein bisschen höher und erblickte hinter der Krippe die Ruine eines mächtigen Palastes, vor der die Mutter Gottes saß und neben ihr der heilige Josef stand. Auf der andern Seite kniete eine Frau vor dem Kind. Sie hatte ein wunderschönes Geschenk mitgebracht, einen Korb bis oben gefüllt mit Eiern. Da kam auch noch ein Hirte, der hatte ein Schaf, und aus dem Hintergrund eine Frau, die trug ein blankes schweres Gefäß auf dem Kopf, sicher war feinste Milch darin! Und nun gewahrte er das Geheimnisvollste an dem Bild, den geöffneten Himmel! Auf den Wolken schwebten viele Engel, sie schienen sehr fröhlich zu sein. Zwei trugen in den Händen ein Band, und darauf standen Worte, die er nicht lesen konnte, es war keine deutsche Schrift. Die Strahlen von dort oben fielen gerade auf das Kind, das dadurch noch viel schöner aussah. Wie es nun kam, ob er die Kerze schief gehalten oder ob durch das Höherhalten Licht und Schatten sich verzerrten, es war ihm, als träfe ihn auf einmal so ein Himmelsstrahl gerade mitten ins Herz. Es war ihm ganz wunderlich zumute, aber dann hatte er plötzlich furchtbare Angst, ihn schauderte, er merkte, dass er ganz allein war. Er wollte fort von hier, so schnell wie möglich.

Rasch das Bänkchen wieder an den richtigen Ort! Hu, war das dunkel in der Nische! Er kroch ganz in sich zusammen. Wäre er nur erst am Chorgestühl vorbei! Saß dort nicht jemand auf dem obersten Sitz? Er nahm allen Mut zusammen und ging rasch weiter, ohne aufzusehen.

Wie froh war er, als er an der großen Tür stand und sie hinter ihm zuklappte! Draußen blitzten die Sterne am Himmel, und er schaute fragend zu ihnen auf. Ob auch heute Abend wieder die Flieger kommen würden oder ob sie den Menschen den Weihnachtsfrieden gönnten? Klaus kam mit glühenden Wangen heim, als die Mutter eben Ausschau nach ihm hielt.

Dann feierten die beiden Weihnachten; die Mutter erzählte vom Vater, und ihre Gedanken wanderten zum fernen Osten.

Noch ahnten sie nicht, welches schreckliche Ende der Krieg nehmen sollte, dass der Vater niemals heimkehren und auch der schöne Altar zerstört würde. Wie so viele andere kostbare Werte, fiel er dem Bombenhagel am 27. März 1945 zum Opfer.

Wir sehen das Herzstück der brennenden Stadt Paderborn. Der Betrachter steht an der Jesuitenmauer und sieht über den Jühenplatz hinweg: links die Ecke des Schöningh'schen Verlagshauses, das Rathaus, den Dom und rechts das Kaufhaus Pötz und die im Innern grauenvoll verwüstete Jesuitenkirche. Zeichnung von Heinrich Niedick. Aus: „Die brennende Stadt" von Hermann Bieker. Verlag Ferdinand Schöningh, Paderborn, 1948.

Luise Klaholt (Therese Treu)

Weihnachten 1923

Ob trüb der Tag und dunkel auch die Nacht,
kein Hoffnungsstrahl uns schimmert nah noch ferne,
bald geht uns auf in ewig neuer Pracht
das helle Licht vom hehren Weihnachtssterne.

Wie er dereinst den Weisen wies den Weg
hin durch den Wüstenraum, den öden, weiten,
er wird auch uns – wo nimmer Weg und Steg –
durch unseres Elends Wüste treu geleiten.

Wenn's uns an Wasser fehlt beim Sonnenbrand,
wenn wir bedroht von glühenden Wüstenwinden,
zum Sterne aufgeschaut nur unverwandt!
Er läßt uns endlich die Oase finden.

Voll Sehnsucht schau'n wir ringsum aus nach ihr –
will denn das wüste Sandmeer nimmer enden?
Und unser Schicksal schwer, erdrückend schier,
sich endlich, endlich nicht zum Bessern wenden?

Da sieh! Ein dunkler Punkt am Himmelsrand...
Ob's eines Palmenhaines hohe Kronen,
wo Schatten kühl nach heißem Sonnenbrand
der Wüstenreise Mühsal köstlich lohnen?

Und näher, näher rückt's... ein Freudenlaut
entringt sich plötzlich unserer aller Munde:
Ein klarer Quell, der ringsum Grün betaut,
und alte, schattige Bäume in der Runde!

Und unter jener Palme dort, o schau',
ein friedlich schlummernd Kindlein in den Armen,
ruht eine holdselige, hohe Frau,
mit gütigem Blick sie grüßt uns Müden, Armen.

Ein rüstiger Greis eilt hilfsbereit herbei,
uns aus dem Brunnen frischen Trunk zu reichen –
und – wunderbar! – beim Anblick dieser Drei
der Müh' und Trübsal letzte Schatten weichen.

Geweckt vom freudigen Lärme unserer Schar,
das Kindlein schlägt die Augen auf, die süßen,
es blickt uns an... Nun wird uns alles klar:
Das Christkind ist's – wir sinken ihm zu Füßen.

Und trinken hohe Wonne, Himmelsluft
aus seinen tiefen, allerbarmenden Blicken,
und's arme kleine Herz in unserer Brust
kaum faßts das hohe innige Entzücken.

So mitten in der Trübsal unserer Zeit
– o gnadenvolles tröstliches Geschehen!
Vergessend unsere Sorge, unser Leid,
wir eine frohe Weihenacht begehen.

Josef Johannes Link

Es klang die Hirtenmelodie…

Auf meinem Rundfunkgerät liegt seit Jahr und Tag eine Flöte, durch ihr ständiges Dasein fast schon unbeachtet. Manche halten mich darob für einen Flötenspieler, obgleich ich keiner bin; aber selbst wenn ich Flöte blasen könnte, mit dieser ginge es nicht, denn ihr Holz hat einen Sprung und auch von den silbernen Kläppchen ist eines abgebrochen. Die Flöte gehört einem vergangenen Leben an. Ich bewahre sie als eine Erinnerung, und auch, dass sie auf dem Rundfunkgerät liegt, ist nicht zufällig. Wenn die Abende lang sind und durch den Äther weihnachtliche Melodien klingen, nehme ich die zerbrochene Flöte wohl in die Hand und wäge sie, als ließe sich für das, was mich bewegt, ein irdisches Maß finden. …

Die Flöte spielte mein Großvater. Ich habe ihm als Schuljunge oft zugehört, und es hatte für mich immer etwas von einem Wunder an sich, dass er mit seinen breiten rissigen Händen die kleine Flöte nicht zerbrach und dass er die dicken kurzgliedrigen Finger so flink bewegen konnte. Ich entsinne mich genau, dass diese Gebärde mich mehr gefangen nahm als das Spiel, das sicher nicht virtuos war, aber schlicht und innig. Mein Großvater war damals weit über die siebzig, und ich weiß auch noch, dass ich mit kindlichen Gedanken mir Gott Vater immer unter seinem Bilde vorstellte; denn ich hatte den Großvater, der Töpfer war, auch an der kreisenden Scheibe stehen und den Ton formen gesehen. Er hatte eine breite gedrungene bäuerliche Gestalt und einen schneeweißen Bart. …Und dieser Mann entlockte der kleinen schwarzen Flöte mit dem silbernen Beschlag zarte, träumerische Melodien, als hätten lichte Engel sie ihm eingegeben. –

Als seine Hände den grauen Ton nicht mehr formten, saß er um die Weihnachtszeit vor der Krippe und blies die vielen trauten Lieder, aber auch eine herrlich-klare, silbern klingende Melodie, zu der er keine Worte wusste, von der er uns Kindern aber gesagt hatte, dass die Hirten sie in jener Nacht auf dem Felde geblasen hätten, als ihnen die Engel die frohe Botschaft verkündeten.

Aber dann geschah einmal etwas, das wie eine grelle Dissonanz in die selige Harmonie der Hirtenmelodie einbrach. Es war in den Jahren, als die ersten Rundfunkgeräte erschienen und das Wort von den Wellen des Äthers noch ein viel bestauntes Wunder war. Da stand am Weihnachtstag plötzlich auch so ein Ding mit vielem Drähtegewirr, Skalen und Schrauben und drei Röhren, wie die Glühbirnen hießen, die obenauf steckten, in unserer elterlichen Stube. Daneben stand der Lautsprecher mit einem „Mund“ wie ein Horn. Und der Vater drehte, stöpselte und lauschte in den Lautsprecher hinein, bis nach vielem unsinnigen Gekrächz und Gebrumm schließlich Musik ertönte. Wahrhaftig Musik! Und der Vater sagte, sie käme aus Köln. Der Vater beschwor und beteuerte es; aber wir konnten es nicht fassen; denn Köln lag doch so weit entfernt von unserer Stadt. –

Dann stand plötzlich der Großvater in unserem Zimmer, – ich werde das nie vergessen. Wir alle hatten geglaubt, er würde sich besonders herzlich über diesen Wunderapparat freuen. Aber nun stand er da und sagte kein Wort. Über seine Stirn legte sich eine Falte. In seinen kleinen klaren Augen flackerte ein unruhiges Licht, und seine immer rosigen Backen hoben sich ein wenig über dem Bartansatz von dem angehaltenen Atem. In seiner rechten Hand aber hielt er die Flöte, hielt sie feierlich wie etwas Uralt-Wertvolles, das er gegen das neumodische Ding da abwägen müsste. Und gerade da geschah es, dass aus dem Lautsprecher eine Flötenmelodie zu klingen begann. Wir trauten unseren Ohren nicht: es war des Großvaters liebliche Hirtenmelodie. Der Großvater sagte noch immer kein Wort. Aber wir alle fühlten plötzlich, wie hart hier die alte und die neue Zeit aufeinander stießen. Der Vater suchte vermittelnd einzuspringen; er begann zu erklären. Aber um des Großvaters Mund legte sich ein Zug, der so voll bitteren Spotts und zweifelvollen Mißtrauens war, dass dem Vater das Wort auf den Lippen erstarrte. Würde es eine Versöhnung geben können zwischen der alten, lieben Flöte und dem „Zauberapparat?"

„Neumodisches Ding"! presste da der Großvater heraus, „da bin ich jetzt ja wohl nicht mehr nötig ..." Und wir hörten seinen schweren bäuerlichen Schritt auf dem Hausflur. – Ich war so bestürzt, dass ich dem Großvater nachlief auf sein Zimmer. Da fasste er mich hart am Arm und drückte mich auf einen Stuhl. Er nahm seine Flöte und blies die Hirtenmelodie. Ich fühlte, dass der Großvater mit irgendetwas sehr schwer kämpfte. Dann sagte er: „Das kommt nicht aus Köln, mein Junge, das kommt hier aus dem Herzen." Und er zeigte dabei auf seine Brust.

Es hat sehr schwer gehalten, dass uns der Großvater hinterher doch noch vor der Krippe seine Hirtenmelodie blies. Aber er erzählte uns nicht mehr, dass die Hirten diese Melodie einst auf dem Felde geblasen hätten in jener großen Nacht ...

Die Zeit hat übrigens auch die Flöte mit dem Rundfunkgerät versöhnt. Ich weiss auch, dass der Großvater noch manche neue Melodie dem Lautsprecher abgelauscht hat, bis er an einem Vorfrühlingsabend des nächsten Jahres in einem Sessel hinter dem Ofen tief eingeschlafen war. Der Kopf war ihm vornüber auf die Brust gesunken. In der Hand hielt er die kleine schwarze Flöte. Aber blasen konnte er sie nun nie mehr.

Später ist die Flöte in meine Hand gekommen und ich habe sie auf mein Rundfunkgerät gelegt. Und wenn die Abende lang sind und durch den Äther weihnachtliche Melodien klingen, nehme ich die zersprungene Flöte wohl in die Hand und wäge sie, als ließe sich für das, was mich dann bewegt, ein irdisches Maß finden ...

Dominik Potthast

Ein Schaukelstuhl für Oma Josefine

Oma Josefine ist eine 71jährige Frau. Sie ist zwar nicht mehr gut auf den Beinen, aber dafür mit dem Kopf noch bestens dabei. Wenn sie in ihrer kleinen Wohnung im Altersheim sitzt und strickt, meistens Strümpfe und Pullover, dann kommt es vor, dass sie sich einsam und allein fühlt. Natürlich hat sie dauernd andere Leute um sich, aber eben nur alte und Pfleger. Ihr fehlt das Leben. Es gibt nichts Neues, außer wenn jemand die Treppe herunterfällt. Und die Leidensgeschichten einiger ihrer Mitbewohner ist sie sowieso satt: „Ach, wissen Sie, meine Füße waren letzte Woche schon wieder so dick, da musste ich erstmal ein Fußbad nehmen und dann..." Oma Josefine hasst das Getue. Sie findet es langweilig und vor allem nervend.

Jetzt wird nach dem Kaffee immer gesungen. An der Decke hängt ein Adventskranz und alle vier Kerzen brennen. Alle Alten singen vergnügt und denken an längst vergangene Tage, und die Freude ist ihnen sprichwörtlich ins Gesicht geschrieben. Nur Oma Josefine ist nicht zufrieden. Ihr fehlt der Schwung. „Meine Monika, meine kleine Enkelin", denkt sie, „die würde ein bisschen Tempo mit ihrer Blockflöte in die Runde bringen."

Monika allerdings wohnt in Hamburg, drei Autostunden entfernt. Ihr Sohn, seine Frau und Monika sind vor sechs Jahren nach Hamburg gezogen, weil ihr Sohn dort neue Arbeit gefunden hat. Aber ihre Wohnung war zu klein, als dass sie mitgekonnt hätte. Das alte Haus ihres Sohnes allerdings, in der auch sie gewohnt hat, ist für sie allein zu groß und zu teuer gewesen. Und so ist sie ins Altersheim gekommen. Sie hat sich zwar an die neue Lage gewöhnt, ist aber meistens nicht recht zufrieden. Ihre Familie kann sie nicht oft besuchen. Ein paarmal im Jahr steht sie bei Oma Josefine vor der Tür: zu Ostern, in den Sommerferien, zu ihrem Geburtstag, manchmal zu ihrem Namenstag und nur mal so. Wie sehr freut sie sich schon im voraus auf den Besuch, aber wie oft sitzt sie nach der Abreise mit Tränen auf ihrem Zimmer und will nur allein sein.

Zum Nikolaus hat sie Monika ein Paket geschickt: eine Kassette mit Geschichten und einen selbstgestrickten Schal. Oma Josefine selbst hat auch von ihrem Sohn ein Paket mit Monikas Lieblingspuppe bekommen. Monikas Eltern erzählen ihrer Tochter immer, dass die Puppe beim Christkind sei und die Engel ihr neue Puppenkleider gäben. Weihnachten sitzt die Puppe dann unter dem Tannenbaum. Wenn Oma Josefine für die Puppe bastelt, vergisst sie alle Sorgen und Nöte.

Jedes Jahr am 23. Dezember kommt ihr Sohn vorbei und holt sie über Weihnachten bis kurz nach Silvester nach Hamburg. Ihre Enkelin schläft dann immer im Zimmer ihrer Eltern auf der Luftmatratze und Oma Josefine darf Monikas Zimmer benutzen.

Und heute endlich kommt ihr Sohn. Oma Josefine wartet bereits sehnsüchtig in der Vorhalle. Als sie ihn sieht, geht sie ihm, auf ihren Gehstock gestützt, entgegen, fällt ihm in die Arme und schluchzt leise: „Hubert, endlich bist du da." Dann sitzen sie gemeinsam beim Frühstück, essen zu Mittag, plaudern über alles Mögliche und fahren schließlich nach Hamburg. Angekommen, hilft ihr Sohn Oma Josefine die Treppe hinauf und trägt ihren Koffer. Bevor sie oben sind, ruft Monika schon von oben: „Oma, Oma, da bist du endlich." Nach der herzlichen Begrüßung sitzt Oma Josefine, geschafft von der langen Autofahrt, im kleinen Wohnzimmer. Ihre Enkelin ist bei ihr und erzählt von der Grundschule und was sie sich vom Christkind gewünscht hat. Oma Josefine fühlt sich in der gemütlichen Stube wohl, vergißt den Trott im Altersheim und schaut zu, wie ihr Sohn und ihre Schwiegertochter den Weihnachtsbaum aufstellen und schmücken.

Am nächsten Tag ist Monika noch aufgeregter als am Tag zuvor. „Was wohl das Christkind bringt", fragt sie immer wieder, „und ob meine Puppe dann wieder da ist?" Monika, ihr Vater und Oma Josefine fahren um halb vier zum Krippenspiel in die Kirche. Nur die Mutter bleibt zuhause und kümmert sich um alles. Als sie zurück nach Hause kommen, läuft Monika sofort zur Stubentür. Sie ist verschlossen. „Die Engel sind bestimmt noch da", meint die Mutter. „Das Christkind ist noch nicht fertig. Wir müssen noch ein bißchen warten." Und so sitzen die vier in der Küche und singen Weihnachtslieder. Nach einer Viertelstunde hält es Monika nicht mehr aus. Sie läuft zur Tür und diese lässt sich öffnen. Das Zimmer ist dunkel, nur der Tannenbaum strahlt mit seinen warmen Lichtern. Rote und goldene Kugeln glänzen in ihren festlichen Farben. Ein kleiner Stall steht unter dem Baum. Die schlichten Tonfiguren schauen friedlich, und ein kleines Kind in der Krippe lacht jeden voll innerer Liebe an. Vom Plattenspieler ertönt ein hoffnungsvolles „Stille Nacht, Heilige Nacht". Monika läuft zuerst zu ihrer Puppe, die in neuen Kleidern im Sessel sitzt. Auch die drei anderen betreten das Wohnzimmer. Mitten in der Stube steht ein großer Schaukelstuhl. „Komm", sagt der Sohn zu Oma Josefine, „setz dich." Sie lässt sich in den Stuhl fallen, und voller Glück durch das Zusammensein mit ihrer Familie, durch den Klang der Musik, das Leuchten der Kerzen und die Wärme der Stube sitzt sie da und genießt den Augenblick. „Der Stuhl ist für dich", sagt der Sohn leise zu ihr. „Aber Hubert, ich habe doch gar keinen Platz dafür in meiner kleinen Wohnung." „Stimmt", meint dieser, „aber ich habe eine größere Wohnung gefunden. In vier Monaten können wir einziehen, und ein Schlafzimmer und eine kleine Stube sind für dich. Wenn du möchtest, dann komm zu uns nach Hamburg." „Ja", sagt Oma Josefine leise und ihre Augen werden feucht. „Danke."

Franz Fromme

Die zwölf heiligen Nächte

In der Weihnachtszeit haben die zwölf heiligen Nächte von Weihnachten bis Heilige Drei Könige von altersher bei den Menschen in Norddeutschland ihre eigene Bedeutung. In dieser Zeit haben Mensch und Vieh ihre besondere Ruhe und Besinnlichkeit zu pflegen. Dann darf nicht einmal die Wäsche gewaschen werden, und es ist verpönt, Wäsche draußen auf die Leine zu hängen. In Winterstürmen zieht der „wilde Jäger" übers Land, und Mensch und Tier hüten ihre Deckung. Von meinem Schwiegervater, dem alten „Franzvedder", weiß ich Folgendes zu berichten.

Die Straße von Holzminden zum Steinkrug führt oberhalb der Corveyer Weserbrücke durch den Ruthegrund. Hier war es schon immer unheimlich. Selbst Wilhelm Raabe weiss in seiner Novelle „Horacker" Wunderliches zu erzählen. Vor Jahren hatten nun verschiedene Lüchtringer vom Boff'schen Förster ihr Brennholz im Ruthegrund gekauft. Es wurde in diesem Jahr spät mit der Holzabfuhr, und so konnte „Franzvedder" die letzte Fuhre für seine Ackersleute erst am Heiligabend abfahren. Er fuhr zeitig los, um wegen des Weihnachtsfestes nicht zu spät zurück zu sein. Doch widrige Umstände und der schlechte Stand der Meterbank hielten ihn länger auf als er geglaubt hatte. Den Rückweg musste er mit seinem Gespann durch den Ruthegrund nehmen. Beizeiten wurde es schummerig, und der Wald war unheimlich still.

Da, kurz vor dem Ende der Schlucht, blieben die Pferde plötzlich stehen, obwohl es bergab ging. Alle Versuche, die Pferde wieder in Gang zu bringen, schlugen fehl. Trotz Peitsche, Schelten, Hüh und Hot zogen die Pferde den Wagen nicht von der Stelle. Es war, als ob jemand den Wagen festhielt. Nach langem vergeblichem Mühen musste „Franzvedder" die Pferde ausspannen, dann folgten sie ihm willig auf den Heimweg. Den Wagen mit dem Holz ließ er wegen Schneetreibens im Walde stehen und holte ihn erst nach Heilige Drei Könige ins Dorf. Er erklärte mir, nie habe er wieder gewagt, am Tage vor Weihnachten mit einem Gespann ins Holz zu fahren. Nur der Förster Dreibein könne ihm einen Streich gespielt haben, denn dieser ginge gerade in den zwölf heiligen Nächten im Ruthegrund um. Manche Holzsammler sollen ihn dort schon gesehen haben. Plötzlich und unerwartet steht er neben dem Wege im Unterholz. Er gibt keinen Laut von sich, sein Gesicht ist aschfahl, wie sein Bart. Auf dem Kopf trägt er eine dicke Fellmütze. Er erscheint in einem verschlissenen Anzug, einen Rucksack auf dem Rücken. Er stützt einen dicken knorrigen Stock in die Seite, so dass es scheint, er stünde auf drei Beinen. Daher führt er im Volksmunde auch den Namen „Förster Dreibein". Folgende Historie bestimmt sein fortwährendes Erscheinen: Vor Jahrhunderten, als die Corveyer Mönche noch ausgedehnte Gerechtsame im Sollingwald besaßen, hatten sie für den Bezirk Ruthegrund einen Hilfsförster eingestellt. Bei magerem Lohn und einer zahlreichen Familie konnte er nur dürftig sein Leben fristen. Der Förster überraschte bei seinem Rundgang eines Tages einen Wilderer, der gerade seine Beute zerlegte. Doch er zeigte den Wilderer nicht an, sondern machte gemeinsame Sache mit ihm. Aber bald wurden sie uneins miteinander, und der Wilderer erschoss den Förster. Als Strafe für die Untreue gegen seinen Dienstherrn konnte er aber keine Seelenruhe finden. Daher wurde er in das Gefolge des „Wilden Jägers" aufgenommen, das in den Sturmnächten der Weihnachtszeit mit dem alten Hackelberg über den Solling braust. In den zwölf heiligen Nächten aber geht Förster Dreibein im Ruthegrund um, damit er Wild und Holz bewache. Mögen manche diese Erzählung mit einem geringschätzigen Lächeln abtun. Die ihn gesehen haben, wissen um den alten Förster Dreibein im Ruthegrund.

Marie-Luise Jonas

Geblendet von der Lichterfülle

In Wünnenberg, meinem reizvollen Heimatstädtchen, am Rande des Sauerlandes und des Paderborner Landes gelegen, war es in der Advents- und Weihnachtszeit ganz besonders schön. Ob es daher kommt, dass man sich besonders gut an alles Schöne erinnert? Ich kann mich nur an verschneite Weihnachten in meiner Kinderzeit erinnern. Wir Kinder zogen Ende November schon los, um das Moos für die Weihnachtskrippe zu suchen, denn wenn es erst unterm Schnee versteckt war, war es schwierig, daran zu kommen.

Die Adventszeit war damals noch eine ruhige und besinnliche Zeit für alle. Ein Ereignis war der Besuch von Sankt Nikolaus am 6. Dezember, der ja nicht nur als Gabenspender kam, sondern auch erzieherisch wirken sollte. Aufregend war, wenn ab Anfang Dezember in allen Schaufenstern der örtlichen Geschäfte Weihnachtsgeschenke ausgestellt wurden. Mit Schuh-, Textil- und Haushaltsgeschäften waren das ungefähr ein Dutzend in meinem Heimatort, und jeder noch so kleine Laden war dann weihnachtlich geschmückt und liebevoll dekoriert. Es waren nur einfache Geschenke, wie Bilderbücher, Brettspiele, Holzbauklötze und Puppen. Aber wir haben uns dann an den Schaufensterscheiben die Nasen fast plattgedrückt. Ein Geschäft nach dem anderen wurde aufgesucht. Wir gingen dabei mit System vor und fingen mit dem am Elternhaus nächstgelegenen an und hörten mit dem am weitesten entfernten auf. Oft wurde die Runde auch ein paarmal gemacht, bis wir die für uns herrlichen, ausgestellten Sachen genauestens kannten. Wir bastelten natürlich auch Geschenke für Eltern und Großeltern.

Das Besondere war das Geheimnisvolle, das diese ganze Zeit umgab. Das Weihnachtsgebäck wurde bei uns zu Hause gebacken, wenn wir Kinder schon längst schliefen. Wir glaubten fest daran, dass sich hinter den Wolken ein riesiger Backofen verbarg, in dem die Plätzchen gebacken wurden. Das häufige Abendrot in dieser Zeit bestätigte uns in diesem Glauben, da es sehr an den Feuerschein unseres Küchenherdes erinnerte, vor dem wir an den Abenden im Advent oft saßen, um den Erzählungen unserer Großmutter zu lauschen. Das Erzählen von Advents- und Weihnachtsgeschichten war das Vorrecht der Großmutter, die uns Kinder in diesen adventlichen Dämmerstunden um sich versammelte, mit angezündeten Adventskerzen und Bratäpfeln, die im Backofen köstlich dufteten. Sie waren die einzigen Leckereien in dieser Zeit, da Süßigkeiten sowie auch Kuchen und Nachtisch in der Adventszeit nicht auf den Tisch kamen. Die Ofenklappen des Küchenherdes wurden zwecks Stromersparnis geöffnet, und der herausfallende Feuerschein trug zur heimeligen Adventsstimmung bei. Oft hörten wir dann sogar das Schlittengeläut von Oberförsters Pferdeschlitten, der um diese Zeit von der Jagd oder von der Rehfütterung aus dem Wald heimkehrte. Je näher der Heilige Abend heranrückte, desto stimmungsvoller und spannungsgeladener waren die Stunden und je langsamer verging die Zeit.

Wenn endlich nur noch zwei, drei Kläppchen an unserem Adventskalender, der für alle vier Geschwister da war, zu öffnen waren, und wenn der Vater mit dem Ackerschlitten den Weihnachtsbaum aus dem Wald holte, dann wussten wir, dass der langersehnte Tag endlich näher kam. Der Weihnachtsbaum wurde erst noch im Schuppen hinterm Holz versteckt. Erst in der Weihnachtsstube haben wir ihn festlich geschmückt wiederentdeckt.

Überhaupt die Weihnachtsstube, die sonst ja gar nicht so richtig genutzt wurde: Sie wurde besonders heraus geputzt, wie sonst höchstens an den allerhöchsten Feiertagen und für Verwandtenbesuch aus der Stadt. Meistens wurde dort nicht einmal geheizt. Die Wohnküche war der einzige beheizte Raum im Haus.

Dann war der heiß ersehnte Heilige Abend endlich da! Ich glaube, an keinem anderen Morgen sind wir Kinder so früh aufgewacht. Eigentlich war es für die Erwachsenen aber auch für uns ja noch ein halber Arbeitstag. Wir waren sogar ohne Murren bereit, einige Vorbereitungsarbeiten zu übernehmen: Die Holzkiste neben dem Küchenherd wurde bis zum Rand vollgepackt, die Eingänge zur Haus- und Deelentür wurden vom Schnee befreit und frische Tannenzweige zum Schuhabstreifen vor die Haustür gelegt. Wenn Haus, Deele und Stall vor Sauberkeit glänzten, dann wussten wir Kinder, jetzt ist es bald soweit. Aber die Zeit bis zum Dunkelwerden war doch noch entsetzlich lang und die Angst, dass das Christkind vielleicht unser Haus übersehen würde, wurde immer größer. Spätestens nach Eintritt der Dunkelheit stieg die Spannung ins Unerträgliche. Von einem Fenster zum anderen sind wir gelaufen, manchmal mussten wir zum Hinausschauen erst ein Loch in die Eisblumen an den Fensterscheiben hauchen. Bei jedem Lichtschein hinter den alten Giebeldächern der Nachbarschaft bestürmten wir die Großmutter, ob dieses Licht denn nicht endlich das Christkind ankündige? Da es zu der Zeit in Wünnenberg keine Straßenlaternen noch sonstige Beleuchtung, geschweige denn Weihnachtsbeleuchtung in den Vorgärten und an den Häusern gab, war es draußen ziemlich dunkel. Selbst aus den Fenstern fiel nur wenig Licht, da sich die Leute um diese Zeit noch zur Versorgung des Viehs in den Ställen aufhielten. Dabei wurde das Licht in den Wohnräumen aus Sparsamkeitsgründen gelöscht. Darum leuchteten für uns damals die Weihnachtssterne wohl so besonders hell.

Zuletzt hielten wir uns nur noch nahe der Tür auf, um wirklich sofort loslaufen zu können, wenn das Glöckchen ertönte. Endlich erklang es, aber wider Erwarten rannte nun niemand los, sondern wir gingen eher zögerlich an der Hand des Vaters über den langen dunklen Flur auf die Weihnachtsstube zu. Ich kann mich erinnern, dass mir der Flur besonders lang und dunkel vorkam, bis Vater die Tür öffnete und wir geblendet von der Lichterfülle, die nun aus dem Zimmer drang, an der Türschwelle stehen blieben. Dieser herrliche Lichterglanz von echten Kerzen, der sich in den silbernen Kugeln spiegelte, dadurch intensiviert wurde und nun auf uns zuströmte, ist mir bis heute unvergesslich. Eine ganze Weile verharrten wir bei diesem herrlichen Anblick, bis Vater uns ins Zimmer schob und das Lied „O du Fröhliche" anstimmte.

Beim Singen konnte ich meine Blicke zunächst nicht vom Weihnachtsbaum abwenden, aber spätestens bei der letzten Strophe warf ich doch schon mal ein Auge auf den Gabentisch. Die Geschenke waren nicht verpackt, aber so aufgebaut, dass unser Interesse an Weihnachtsbaum und Gesang bald abflaute. Alles wurde natürlich begutachtet und bewundert. Nach dem festlichen Weihnachtessen und nach einer Zeit des Spielens gingen wir auf Drängen der Eltern bald ins Bett, weil selbst wir jüngeren Kinder morgens um 6 Uhr an der Christmette teilnahmen.

Am Weihnachtsmorgen fanden wir auch in der Kirche ein herrliches Lichtermeer vor. Dort gab es an den großen Tannenbäumen neben dem Hochaltar elektrische Lichterketten, aber die Tannenbäume hinter der Krippe waren mit echten Kerzen reich besteckt. Durch die Wärme der vielen Kerzen auch von Hochaltar und Nebenaltar und natürlich der vielen Menschen, war es so richtig wohlig warm in der Kirche. Das war ja damals in der Kriegs- und Nachkriegszeit nicht immer so. An ganz kalten Wintertagen ist es sogar vorgekommen, dass die Schneeklumpen, die wir unter den Schuhen hereingetragen hatten, am Ende der Messe nicht aufgetaut waren.

Aber an Weihnachten war in der Kirche wie zu Hause Wärme und Lichterfülle. Auf dem Nachhauseweg waren auch die Straßen unseres Städtchens nicht mehr dunkel, dann drang aus allen Häusern Lichtschein. In vielen Familien fand erst jetzt am Weihnachtsmorgen die Bescherung statt. Das Licht ließ den Schnee, durch den wir nach Hause stapften, glitzern und funkeln bis in unsere schöne, warme, lichterfüllte Weihnachtsstube hinein.

Annette von Droste-Hülshoff

Friedrich Mergels Heimkehr am Weihnachtsabend in das Dorf B.

Auszug aus der Novelle „Die Judenbuche",
ausgewählt und eingeleitet von Horst-D. Krus

Die große westfälische Dichterin Annette von Droste-Hülshoff hat die wahren Ereignisse um den Bauernsohn Hermann Georg Winkelhan aus Bellersen (dem „Dorfe B."), der 1783 den Handelsjuden Soistmann Berend aus Ovenhausen erschlagen hatte und nach Flucht und langjähriger Sklaverei 1806 in sein Heimatdorf zurückgekehrt war, als Anregung für ihre berühmte Novelle „Die Judenbuche" genommen. Die Droste schuf aus dem Stoff ein eigenständiges literarisches Werk, das in vielem Fiktion ist. Allerdings hat sich ihre gute Kenntnis von Land und Leuten Bellersens und seiner Umgebung durchaus in der Novelle niedergeschlagen.

Der folgende Auszug aus der Novelle beschreibt die Heimkehr Friedrich Mergels aus der Sklaverei in das „Dorf B.", das sich durch die „überaus malerische Schönheit seiner Lage in der grünen Waldschlucht" auszeichnete (und heute noch auszeichnet).

Viele Weihnachtsgeschichten handeln von der Heimkehr, nicht wenige auch von der Quartiersuche oder dem Erlebnis der außergewöhnlichen menschlichen Barmherzigkeit in der Weihnachtszeit. Annette von Droste-Hülshoff hat Friedrich Mergels Heimkehr wahrscheinlich auf den Heiligen Abend gelegt, weil sie sich der besonderen Bedeutung dieses Tages für die emotionale Beziehung des Menschen zu seiner Heimat, zur kindlichen Geborgenheit im Elternhaus bewußt war.

Stark gefühlsbetont ist auch die Schilderung des verschneiten Dorfes im Tal mit seinen Lichtern – ein Motiv, das uns heute immer wieder auf Weihnachtskarten begegnet. Die Lichter stehen für Inseln der Wärme und des Schutzes in einer feindlichen, kalten Welt. Dieser Schutz wird in dem folgenden Novellenauszug dem gewährt, der einst die Schutzlosigkeit eines Menschen gewissenlos zu blutiger Tat ausgenutzt hatte.

Hören wir nun, wie Annette von Droste-Hülshoff diese ganz besondere Heimkehr schildert:

Eine schöne, lange Zeit war verflossen, achtundzwanzig Jahre, fast die Hälfte eines Menschenlebens, der Gutsherr war sehr alt und grau geworden, sein gutmütiger Gehilfe Kapp längst begraben. Menschen, Tiere und Pflanzen waren entstanden, gereift, vergangen, nur Schloß B. sah immer gleich grau und vornehm auf die Hütten herab, die wie alte, hektische Leute immer fallen zu wollen schienen und immer standen. Es war am Vorabende des Weihnachtsfestes, den 24. Dezember 1788. Tiefer Schnee lag in den Hohlwegen, wohl an zwölf Fuß hoch, und eine durchdringende Frostluft machte die Fensterscheiben in der geheizten Stube gefrieren. Mitternacht war nahe, dennoch flimmerten überall matte Lichtchen aus den Schneehügeln, und in jedem Hause lagen die Einwohner auf den Knien, um den Eintritt des heiligen Christfestes mit Gebet zu erwarten, wie dies in katholischen Ländern Sitte ist, oder wenigstens damals allgemein war. Da bewegte sich von der Breder Höhe herab eine Gestalt langsam gegen das Dorf, der Wanderer schien sehr matt oder krank, er stöhnte schwer und schleppte sich äußerst mühsam durch den Schnee.

An der Mitte des Hanges stand er still, lehnte sich auf seinen Krückenstab und starrte unverwandt auf die Lichtpunkte. Es war so still überall, so tot und kalt, man mußte an Irrlichter auf Kirchhöfen denken. Nun schlug es zwölf im Turm, der letzte Schlag verdröhnte langsam und im nächsten Hause erhob sich ein leiser Gesang, der, von Hause zu Hause schwellend, sich über das ganze Dorf zog:

Ein Kindelein so löbelich
Ist uns geboren heute,
Von einer Jungfrau säuberlich,
Des freu'n sich alle Leute;
Und wär das Kindelein nicht gebor'n,
So wären wir alle zusammen verlor'n:
Das Heil ist unser aller.
O du mein liebster Jesu Christ,
Der du als Mensch geboren bist,
Erlös uns von der Hölle!

Der Mann am Hang war auf die Knie gesunken und versuchte mit zitternder Stimme einzufallen, es ward nur ein lautes Schluchzen daraus, und schwere, heiße Tropfen fielen in den Schnee. Die zweite Strophe begann, er betete leise mit, dann die dritte und vierte. Das Lied war geendigt und die Lichter in den Häusern begannen sich zu bewegen. Da richtete der Mann sich mühselig auf und schlich langsam hinab in das Dorf. An mehreren Häusern keuchte er vorüber, dann stand er vor einem still und pochte leise an.

„Was ist denn das?", sagte drinnen eine Frauenstimme; „die Türe klappert, und der Wind geht doch nicht." – Er pochte stärker: „Um Gottes Willen, laßt einen halb erfrorenen Menschen ein, der aus der türkischen Sklaverei kommt!" – Geflüster in der Küche. „Geht ins Wirtshaus", antwortete eine andere Stimme, „das fünfte Haus von hier!" – „Um Gottes Barmherzigkeit willen, laßt mich ein! Ich habe kein Geld." – Nach einigem Zögern ward die Tür geöffnet und ein Mann leuchtete mit der Lampe hinaus. – „Kommt nur herein!", sagte er dann, „ihr werdet uns den Hals nicht abschneiden."

In der Küche befanden sich außer dem Manne eine Frau in den mittleren Jahren, eine alte Mutter und fünf Kinder. Alle drängten sich um den Eintretenden her und musterten ihn mit scheuer Neugier. Eine armselige Figur mit schiefem Halse, gekrümmtem Rücken, die ganz Gestalt gebrochen und kraftlos, langes, schneeweißes Haar hing um sein Gesicht, das den verzogenen Ausdruck langen Leidens trug. Die Frau ging schweigend an den Herd und legte frisches Reisig zu. – „Ein Bett können wir Euch nicht geben", sagte sie, „aber ich will hier eine gute Streu machen, Ihr müßt Euch schon so behelfen." – „Gott's Lohn!" versetzte der Fremde; „ich bin's wohl schlechter gewohnt."

Sr. Leonie Meyenberg

Weihnachten in jüdischen Familien

Oberlyzeum und Studienanstalt des Michaelsklosters wurden vor dem Kriege auch von jüdischen Schülerinnen besucht. Es war selbstverständlich, dass wir unsere jüdischen Mitschülerinnen zu Hause aufsuchten, wie sie auch in unsere Familien kamen. Da war ich recht erstaunt, bei einem Besuch in den Weihnachtsferien im Hause einer jüdischen Familie einen Christbaum vorzufinden. Meine Mitschülerin sagte: „Bei uns heißt er Weihnachtsbaum", und ihre Mutter fügte hinzu: „Unsere Kinder möchten doch auch Kerzenglanz und Tannenduft und Geschenke haben – ganz wie ihr!"

Ich erzählte zu Hause von meiner Erfahrung, und mein Vater meinte lächelnd: „Achte einmal auf den Text von ‚Am Weihnachtsbaum die Lichter brennen'! Das ist kein eigentlich christliches Lied, es bringt aber humanitäre Gedanken zum Ausdruck – und Engel treten darin auf, die sind allen drei monotheistischen Religionen gemeinsam: Sie bringen Segen und Frieden. Dieses Lied wird in vielen liberal denkenden jüdischen Familien gern zur Weihnachtszeit gesungen."

Neujahr

Hl. Drei Könige

Gerta Thier

Silvesterlieder auf den Heggedörfern

Wey teihet de Schnauer
wall ümme dat Hous,
de Her, dei seiht
taun Fänster rout.
Giewet mik ne Gawe
tau düssen niggen Johre.

Ich bin der kleine König,
gib mir nicht zu wenig.
Ein Taler ist nicht viel,
zweie sind noch mal so viel.
Da kauf ich mir 'nen Zwieback für,
den Zwieback ess ich auf
und geh nach Haus.

Ich bin der kleine Dicke,
ich wünsche dir viel Glücke.
Ich wünsche dir ein langes Leben,
magst mir auch was Schönes geben.

Wir ziehen die Schnur
  wohl um das Haus,
der Herr, der sieht
  zum Fenster raus.
Gebet mir eine Gabe
zu diesem Neuen Jahre.

Ich bin der kleine König,
gib mir nicht zu wenig,
lass mich nicht zu lange steh'n,
ich muss ein Häuschen weitergeh'n.

Das Silvestersingen gehört heute noch auf den Heggedörfern Auenhausen, Frohnhausen und Hampenhausen zur Tradition. In Auenhausen wird das Silvesterlied: „Ich bin der kleine König" etwas abgewandelt gesungen. Auch die Messdiener singen von Haus zu Haus und sammeln Geld für's Messedienen im Jahr über. Die Schulkinder als Glücksbringer erhalten Süßigkeiten und Geld.

*

Die meisten Leute geben ihnen gerne etwas, auch wenn der Gesang nicht immer schön ist. Doch in jedem Dorf gibt es natürlich auch „Drückeberger", die die Tür nicht aufmachen, wenn sie die Schar der Meßdiener kommen sehen. Diese Leute sind natürlich längst bekannt, und darum schlägt man ihnen dieses folgende Schnippchen: Einer der Burschen läuft allein voraus, und wenn die Ahnungslosen die Tür öffnen, stellt er seinen Fuß zwischen Rahmen und Tür. Kaum ist dies geschehen, kommt auch schon die Messdienerschar um die Hausecke gerannt. So bleibt den Geizhälsen nichts anderes übrig, als der Bande auch ein Scherfchen zu geben.

Luise Klaholt (Therese Treu)

Heimatlicher Neujahrswunsch

Viel der Wünsche bringt man dar
heut' sich zu des Jahres Beginne;
schön wie keiner – nach dem Sinne –
ist: „Glückseliges neues Jahr!"

„Glück!" ihm strebt das Herze zu,
kann es voll doch nie erraffen,
weil's zuletzt für Gott geschaffen
und in ihm nur findet Ruh.

Sinnig drum das zweite Wort
– „Selig" – ward ihm angeschlossen;
in „glückselig" liegt beschlossen
alles Glück für hier und dort.

Wunsch, so heimlich, so vertraut!
Altersher uns überkommen,
unserm Herzen will er frommen
wie ein süßer Kindeslaut

Wahren wir das schöne Wort!
Lasst uns Kinder, Enkel lehren,
es zu brauchen, es zu ehren,
dass sich's erbe fort und fort!

Hildegard Terstesse

Sylvester

Wenn das Jahresende naht,
Sylvester ist in aller Munde;
man feiert den Sylvesterball,
begießt mit Sekt die frohe Stunde.

Nicht viele wissen um Sylvester,
den Papst, den unsere Kirche ehrt;
der letzte Tag ist ihm gewidmet,
wenn wieder ist ein Jahr verjährt.

Er war der Papst der großen Wende,
die Frieden bracht' der Christenheit,
als Konstantin gesetzt ein Ende
der Jagd auf alle Christenleut'.

In Freiheit durften sie nun sagen:
Jesus ist Herrscher aller Zeit!
Sylvester, Papst in jenen Tagen,
wir danken dir für Offenheit!

Heinz Mönkemeyer

Neujahrswünsche

Nur von Gottes Gnadenlicht erhellt,
nicht vom bösen Schein der Kriesesbrände –
dass wir Menschen reichen uns die Hände –
dass wir mühen uns um eine Wende –
wünsch mir so im neuen Jahr die Welt.

Freude und die Läuterung im Leid
und Geduld in allen schweren Tagen –
dass wir eines andren Last mittragen –
dass wir einen neuen Anfang wagen –
wünsch mir so des jungen Jahres Zeit!

Paula Eckel

Neujahrssingen im Dorf

Nach alter Sitte war es in Daseburg üblich, dass alle Kinder, auch die eben erst laufen konnten, zum Neujahrssingen von Haus zu Haus gingen. Mama schickte uns erstmals mit größeren Nachbarskindern mit. Begeistert sangen wir gewöhnlich:

„Wir haben gehört, ihr hättet geschlacht'
und viele lange Würst' gemacht.
Gebt uns von den langen, –
lasst die kurzen hangen.
Gebt uns ein Stück Speck,
dann gehn wir wieder weg.
Lasst uns nicht zu lange stehn,
wir müssen doch noch weiter gehn."

Nach jedem Vortrag an den Haustüren gab es Plätzchen, Äpfel oder Nüsse, manchmal auch einen oder zwei Pfennig, wofür wir einen Extra-Beutel hatten. In den folgenden Jahren gingen wir aber lieber allein. Papa hatte uns gesagt, wenn wir „O du fröhliche" zweistimmig singen würden, machten wir den Leuten gewiss mehr Freude.

Unsere zweistimmigen Lieder kamen tatsächlich besser an. Im Geldbeutel waren jetzt auch Fünfpfennigstücke. Beim Pastor Wienand gab uns die Haushälterin gar einen Groschen, und bei der Ziegelei *Sievers* wurden wir vom Dienstmädchen nach unserm Gesang ins Haus gebeten. Herr Sievers, mit dem Papa zur Jagd ging, hatte unser Singen gehört und gefragt, ob das Wieners Fritz' Kinder seien. Auch da gab es für jeden von uns zehn Pfennige.

Zu dem Lied: „Wir haben gehört, ihr hättet geschlacht" – fällt mir ein, dass wir im Winter auf unserm Schulweg oft das laute Quieken der Schlachtschweine hörten, ehe aus ihnen wurde, was das Lied aussagt.

Im Dorf gab es drei oder vier Metzger, die die Hausschlachtungen durchführten. Im Sommer waren sie als Maurer tätig. Mittags, wenn wir aus der Schule kamen, standen vor einigen Häusern Holzleitern, an denen ausgenommene Schweine in der Winterkälte hingen. In den Rinnsteinen davor standen blutige Lachen, die bei der eisigen Kälte aber längst zu Eisbahnen erstarrt waren. Zerteilt und weiterverarbeitet wurde das Schwein erst nachmittags, nachdem der Trichinenbeschauer seinen Genehmigungsstempel auf eine der Hinterhälften gedrückt hatte. Nach dem Neujahrssingen folgte schon bald das Dreikönigssingen. Da wurde folgendes Lied gesungen:

„Wir sind die Kön'ge aus dem Morgenland.
Die Sonne hat uns schwarzgebrannt.
Wir sind so schwarz wie Mohren,
schwarz bis an die Ohren."

In der „Praxis" bekam aber nur der Balthasar ein rußgeschwärztes Gesicht. Dazu fällt mir ein, dass einer der Nachbarjungen ein besonders tiefgeschwärztes Gesicht haben wollte. Pfiffig nahm er aus dem Schuhputzkasten die Dose mit der schwarzen Schuhcreme.

Am nächsten Tag hatte „Heini" ein rotes Gesicht vom vielen Scheuern mit „Ata" und noch längst waren nicht alle Spuren beseitigt …

Drei-Königs-Lied aus Beverungen

Hilgenstadt, Hilgenstadt,
Leiwe Madame, giff mick watt.
Giff mick ein Appel,
Dann häw ick wat die Knappeln.
Giff mick eine Nuss,
Dann laup ick rasch nach Hus.
Giff mick ein Stück Speck,
Dann laup ick wieder wieder weck!

Mitgeteilt von Christoph Reichardt, Stadtheimatpfleger

Heinz Mönkemeyer

Zum Heiligendreikönigstag

Drei Weisen aus dem Morgenland,
drei Könige führt' Gottes Hand.
Sein stiller Stern, so hell, so klar,
ihr treuer Wegbegleiter war.

Mit Karawanen reich und schwer,
sie kamen fern vom Osten her,
zu seh'n des höchsten Königs Sohn.
Sie traten vor Herodes Thron:

„Wo finden wir das Kind, den Herrn?
Wir sahen aufgeh'n seinen Stern!"
Herodes – bleich, erschrocken tief –
die Schriftgelehrten zu sich rief.

Die sprachen: „Durch Prophetenmund
ward vom Messias uns die Kund'.
In Betlehem wird er gebor'n,
dass Israel nicht geht verlor'n."

Falsch war Herodes, bös sein Sinn.
„Forscht, Fremde!", sprach er, „gehet hin,
berichtet mir, damit auch ich
dem Kinde huld'ge, königlich."

Sie gingen. Und des Sternes Schein,
er wies den Weg – zum Stall hinein.
Das Kind sie fanden: arm, gering –
(Das Kind, den Herren aller Ding' –)

Ihm brachten sie die Schätze dar:
Weihrauch und Myrrhe, Gold fürwahr
– und ihrer Herzen größtes Gut:
die Lieb', die in der Tiefe ruht.

Ein wundersames Traumgesicht
gebot: Geht zu Herodes nicht!
So zogen andren Wegs sie fort,
gar reich beglückt in Juda dort.

Drei Weise aus dem Morgenland,
drei Könige führt' Gottes Hand. –
Herr, führ auch uns durchs Leben hier,
durch Not und Nacht führ uns zu dir!

Wilhelm Kuhne

„Aus Morgenland in aller Eil..."

Epiphanie in Hardehausen

Wer am Morgen des Festes Heilige Dreikönige nach Hardehausen kommt, kann es bestätigen; so stark und inbrünstig wird es selbst im Hohen Mittelalter kaum durch die Hallen der Abtei geklungen haben, wie es in unseren Tagen zu vernehmen ist. Damals schritten die Mönche des Heiligen Bernhard – wie es Brauch bei den Zisterziensern war – allabendlich in Prozession durch den Kreuzgang ihres Klosters, den Tag mit dem Gesang des „Salve Regina" beschließend.

Der Dreikönigstag in der Landvolkshochschule „Anton Heinen" ist ein ganz besonderes Erlebnis, fiebern ihm doch die Bauern aus allen Teilen Westfalens schon Wochen vorher entgegen. Zum Beginn eines jeden Jahres strömen sie ins Tal der Sieben Quellen in der südlichen Egge. Höhepunkt ihrer Zusammenkunft, in der man sich mit vielen aktuellen Fragen aus Politik und Gesellschaft, aus Kirche und Berufswelt beschäftigt, ist jedoch das feierliche Hochamt zum Epiphanietag. „Dreispännig" hätten sie es am liebsten gefeiert, so wie man es früher beim Levitenamt gewohnt war, als dem Priester noch neben dem Diakon auch der Subdiakon assistierte und so allen die „heilige Ordnung" augenscheinlich war. Wenn es das jedoch seit der Liturgiereform nicht mehr gibt, so muss aber um so mehr Weihrauch her, viel Weihrauch. Von ihm spricht ja auch das Evangelium des Tages. Darum möchten die Männer wenigstens an diesem hohen Festtage es selbst – vergleichbar den Weisen aus dem Morgenland, als sie der Heimtücke des Herodes entronnen waren – vollziehen: „Da knien sie und weihn dem Kind Gold, Weihrauch, Mürrh' zum Angebind". Als im Gefolge des Zweiten Vatikanischen Konzils der Weihrauch in manchen Kirchen spärlich geworden, als er in einigen sogar gänzlich verbannt war, erhob sich bittere Klage: Nun könne man den lieben Gott selbst in der Kirche nicht mehr riechen, wo doch gleichzeitig allseits die Rede umginge, man müsse die Botschaft des Evangeliums mit *allen* Sinnen als eine frohmachende kosten, ja genießen. Zu solchem Zwecke werden mancherorts eigene Seminare veranstaltet. Am Dreikönigstag in Hardehausen aber gibt es diese Möglichkeit ganz selbstverständlich und „nebenbei".

Nach der Eucharistiefeier in der Kapelle zieht eine große Schar von über hundert Männern aus dem ganzen Westfalenland durch die alten Klostermauern, das beliebte Dreikönigslied auf den Lippen und noch mehr ihm Herzen: „Es führt Drei König Gottes Hand mit einem Stern aus Morgenland zum Christkind durch Jerusalem in einen Stall nach Betlehem". Das Kloster Hardehausen war einst eine große Abtei und der Kreuzgang ist darum recht lang. So reichen selbst alle fünf Strophen des Liedes nicht aus, zumal überall: an den Speisesälen, der Küche, der Schwesternklausur, der Bruder-Klaus-Kapelle usw... die Gebete gesprochen werden und mit geweihter Kreide der Segen „Christus mansionem benedicat, Christus segne dieses Haus" anzubringen ist. Darum singt man das Lied eben viele Male, wobei sich sein Inhalt immer tiefer ins fromme Gemüt senkt.

Viele Teilnehmer der Hardehausener Prozession kommen aus dem kurkölnischen Sauerland zur Dreikönigstagung ins Paderbörn'sche. In ihre Heimat hatte einst der Fuhrknecht des Allendorfer Fuhrmanns Simon am 30. September des Jahres 1796 unter strengster Geheimhaltung die Reliquien der Drei Könige in ihrem kostbaren Schrein vor Napoleon in Sicherheit gebracht. Im Prämonstratenserkloster Wedinghausen/ Arnsberg hatte man sie damals verstecken müssen. Darum empfinden es die Sauerländer besonders schmerzlich, dass das schöne Dreikönigslied nicht im „Gotteslob" steht, wo doch gerade in diesem Lied Sorgen und Nöte, aber auch christliche Hoffnung und schließlich das Lebensziel zum Ausdruck gebracht werden: „Zu dir, o Gott, die Pilgerfahrt uns dünke nie zu schwer und hart". Ja, hart war ihr Leben auch gewesen. Man braucht diese Männer nur ins Gesicht zu schauen oder ihre Hände zu ergreifen, dann weiß man es. Darum geht ihnen das Lied auch unter die Haut und weist doch zugleich nach vorn.

Während der Weihrauch mit seinem Wohlgeruch mehr und mehr die weiten Hallen ganz durchschwängert hat, empfinden die Männer – sich zum Schluß vor dem Bild Mariens versammelnd – dies Geschehen „hier und heute" als einen Vorhof des Himmels. Schon jetzt ist ihre Bitte ein wenig erfüllt: „Gott führ auch uns zu diesem Kind ..."

Erfüllt aber hat sich auch jene Bitte, welche der letzte Abt von Hardehausen, Alfons Heun (1898 - 1984) in seiner Abschiedspredigt am 25. September 1938 aussprach, unmittelbar vor der durch die politischen Geschehnisse in Deutschland erzwungenen Emigration – über Magdeburg - nach Brasilien: „St. Bernhard segne diese Stätte und seine Bewohner, Freund und Feind ... auf dass wir stets Gottes Vorsehung und Liebe würdig und geziemend preisen und loben".

Während Abt Alfons sich im Himmel über die Dreikönigspilger in „seinem" Kloster gewiss freuen darf, gehen diese voll Zuversicht in ein neues Jahr.

Hildegard Giefers

Gedanken für alle Tage des Jahres

Vor zweitausend Jahren
kam Einer,
der stellte das Gewohnte
und das beste Wissen
und Gewissen in Frage.
Ein Unruhestifter,
ein Stein des Anstoßes
für Kronen und Mächte
wurde Er.

Die Unmündigen aber,
die Hirten, die Unerhörten
und die Weisen,
alle, die dem Herzen
Stimmrecht geben,
folgten seinem Stern.
Sie boten ihm
ihren guten Willen
und das Gloria an.

Die Weisen –
immer noch
sind sie auf dem Wege,
das Kind zu finden,
dessen Stern sie rief
in das Land des Morgens.

Immer noch
sind sie bereit,
es nicht zu verraten,
es nicht auszuliefern
den Mächtigen und Verführern
mit den großen Versprechungen.

Sie wollen es erkennen,
sie wollen es anbeten,
sie wollen ihm folgen –
nach langen Wüstenwegen
unbedingt und endlich.

Weihnachtliches Mosaik

Als es das Christkind noch gab...

Dann kam sie, die schönste Zeit für die Kinder, die Zeit des Singens und der Vorfreude, die Advents- und Weihnachtszeit. Wenn die Engel bei rotem Morgenhimmel zu backen begannen, wuchs auch die Spannung auf das Fest. Teilweise halfen die Kinder dem Christkind selbst mit, indem sie ihre Puppen, Eisenbahnen oder anderes zur Überholung zu ihm „schickten", die Wollstrümpfe beim Stricken anprobierten, für Kleidungsstücke Probe standen usw., und doch kam bei den Jüngeren nie der Gedanke auf: „Das Christkind gibt es nicht!"

Bescherung war erst früh am ersten Weihnachtstag. Natürlich gab es auch die Neugierigen, die sich schon in der Nacht heimlich ins Wohnzimmer schlichen und mit der Eisenbahn oder der Puppe spielten. Morgens lagen auf den Tellern überwiegend Dinge zum Essen, die man selbst geerntet oder hergestellt hatte, Äpfel, Nüsse oder Gebäck und wenige irgendwie organisierte Süßigkeiten, ferner die notwendigen neuen Kleidungsstücke. Beim Gang in die Kirche (drei Messen folgten aufeinander) konnte jeder die neuen Sachen bewundern.

In besinnlicher Ruhe gingen die letzten Tage des Jahres zu Ende. Nur die Theaterspiele der verschiedenen Vereine am zweiten Weihnachtstag boten eine kleine Abwechslung. Die Weihnachtsstimmung wurde bis zum Jahresende ausgedehnt. Silvestertrubel am Abend mit Feiern und Feuerwerk gab es nicht. Die Glocken beendeten mit ihrem Klang das alte Jahr und eröffneten das neue nach dem Motto: „Mit Gott fang an - mit Gott hör auf." (aus: Hermann Hartmann, Dorfmosaik Haarbrück, Warburg 1999)

Zum Inhalt dieses Stimmungsbildes aus der Advents- und Weihnachtszeit der 1940er Jahre passt auch folgende kleine wahre Begebenheit:

Wie früher...

Oft genug hatte der Vater den Satz gebraucht: „Früher war alles anders." Wenn die Kinder am Heiligen Abend vor der Bescherung ungeduldig wurden, hieß es: „Früher mußten wir bis zum Weihnachtsmorgen warten." Wenn sie die Wünsche nach technischen und elektronischen Geräten vorbrachten, fiel die Bemerkung: „Wir bekamen früher meistens nur einen Teller mit Äpfeln, Nüssen und selbstgebackenen Plätzchen; daneben lagen Wollstrümpfe und Handschuhe, und wir waren auch zufrieden."

Wieder einmal war der Heiligabend für alle zur Zufriedenheit verlaufen. Die Eltem gingen zu Bett, die Kinder würden bald folgen. Nicht schlecht staunte dann jedoch der Vater am nächsten Morgen, als er in die Küche kam. Da stand auf seinem Platz ein Teller mit Äpfeln, Nüssen und Plätzchen, und daneben lag ein Paar Wollsocken - wie früher. Da hatten es die Kinder doch einmal wörtlich genommen...

Hermann Hartmann

Das Krippenspiel

Damals wurde in der Schule auch ein Krippenspiel eingeübt und am zweiten Weihnachtstag im Dorfsaal aufgeführt. Ich war damals einer von vier Engeln, die mit einer Kerze auf der Bühne standen. Eine große Puppe war das Christkind, zwei Kinder die Darsteller von Maria und Josef und noch einige Hirten.

Doch es gab eine Panne. Irgendwie standen wir auf der Bühne und die Kerzen waren nicht angezündet. Zum Glück bemerkte es jemand hinter den Kulissen. Eine Streichholzschachtel kam mit Schwung über den Boden gefegt, und die Aufführung war gerettet.

An etwas kann ich mich noch genau erinnern, nämlich was ich als Engel trug. Meine Mutter hatte mir ein weißes Nachthemd gegeben, darüber aus einem weißen Gardinentüll einen Rock gemacht, weiße Strümpfe und weiße, genähte Pantöffelchen mit einer Schleife aus Goldband. Auf dem Kopf eine Krone mit einem Stern und die silberne Kette vom Christbaum um den Hals. Für mich bleibt das immer eine schöne Weihnachtserinnerung.

RESI VAHLE

Paderborner Krippen-Rallye

Manchmal kommt man ganz plötzlich zu wichtigen Erkenntnissen. Da hatte Mathilde Wiegand ihre Schüler angehalten, während der Weihnachtszeit sich viele Krippen anzusehen, und sie hatte selbst so eine Krippen-Rallye, wie sie es nannte, veranstaltet: Sie war in den verschiedensten Kirchen Paderborns gewesen und hatte die Krippenszenen miteinander verglichen. Jetzt stand sie mit ihren Schülern nach den Weihnachtsferien in der Abdinghofkirche, und alle schauten sich die Figuren der Krippe aus der Nähe an. Zwar war die eigentliche Weihnachtszeit vorbei, aber Mathilde Wiegand wollte das so ausgiebig gefeierte Geschehen noch nachwirken lassen.

Da rief Markus plötzlich laut: „Frau Wiegand, schauen Sie mal – dem einen der Heiligen Drei Könige fehlt ja ein Zacken an seiner Krone!"

Tatsächlich, das hatte sie bisher doch ganz übersehen, aber sie fing sich schnell: „Na und?" fragte sie, „er ist und bleibt trotzdem ein König!"

Insgeheim aber frohlockte sie: Wenn schon die Heiligen Drei Könige dem Jesuskind nicht fehlerlos gegenübertreten, dann kann ich es mit meinen Fehlern auch tun!

HANS-JOACHIM CHOLLET

Ein Kleinod der Fölsener Pfarrkirche:

Die Krippenlandschaft

Die Weihnachtskrippe in der St.-Johannes-Baptist-Kirche zu Fölsen ist eine gelungene landschaftliche Krippengestaltung. Sie ist zwar durch die verwendeten Materialien nicht sehr wertvoll, dafür aber durch ihre räumliche Gestaltung. Die Krippe geht fließend vom Fußboden der Kirche bis hinauf zu drei Metern Höhe. Sie ist wirklich eine Augenweide.

Die Krippe beginnt mit einem felsigen Hang, an dem Schafe weiden (bemalte Gipsfiguren, ca. 10 cm und 20 cm hoch). Oben an der Felskante (auf ca. 1 m Höhe) ist das rot beleuchtete Hirtenfeuer, an dem sich die staunenden Hirten versammelt haben, um das Weihnachtswunder zu schauen (Figuren sind ca. 40 bis 50 cm hoch). Hinter ihnen öffnet sich die Stallgrotte, in der das Christkind in einer Krippe liegt. Es wird von Maria und Josef, die betend bei ihm knien, behütet. Der Ochse und der Esel, die ruhig darliegend die Szene beäugen, bilden den Abschluß. Am 6. Januar, dem Tag der Heiligen Drei Könige, wird das Krippenbild durch die drei Heiligen und einem mit Geschenken beladenem Kamel vervollständigt. Auf der Felsgrotte (auf ca. 2 m Höhe) steht der „Engel des Herren" und verkündigt die Frohe Botschaft. Weiter erstreckt sich das Gelände als schöne grüne Weide, auf der Rehe äsen, bis hinauf zum Palast des Herodes, der auf die Tötung der unschuldigen Kinder und die Leidensgeschichte Jesu hindeuten soll. Doch trotzdem leuchtet der Stern Gottes strahlend über allem. Umrahmt und eingekreist wird dieses schöne Bild von vielen beleuchteten Weihnachtsbäumen.

Für den Raum Altkreis Warburg stellt diese Krippenlandschaft etwas einmaliges dar. Sie wurde der Pfarrgemeinde Fölsen durch den schrecklichen 2. Weltkrieg zuteil. Auch wenn es unschön klingt, so „verdankt" die Pfarrei Fölsen die schöne Gestaltung der Krippe dem Umstand, dass der Landschaftsmaler Sonbrock mit seiner Familie durch die Kriegswirren für einige Jahre nach Niesen ins Schloß verschlagen wurde. Trotz seines frühen Todes hinterließ er durch seine Kunst eine bleibende Erinnerung, an der wir uns noch heute erfreuen.

Anton Robrecht

LUISE KLAHOLT (THERESE TREU)

Ein Winterabend in der guten alten Zeit

Wie liegt sie doch so weit schon, ach, so weit
die uns so liebe, „gute alte Zeit",
wie wir, die sie erlebt, so gern sie nennen!
Verklärt für uns von goldener Kindheit Licht,
die Schatten, so ihr eigen, sehn wir nicht,
wir freudig uns und treu zu ihr bekennen.

Die Straße, düster, holperig und schlecht,
uns war ein trauter Pfad, gar lieb und recht,
weil er zum teuren Elternhause führte,
wo Mutters liebe, nimmer müßige Hand
gar fürsorglich des heimischen Herdes Brand
und ihre Lieb' das heilige Feuer schürte.

Dort unserer Kindheit starker, sicherer Hort;
der Mutter Blick, des Vaters mahnend Wort
uns leiteten gar treu auf guten Wegen;
und folgsam – wie derzeit das Kind noch war –
voll Ehrfurcht schaute auf zum Elternpaar,
genoß mit Dank des Vaterhauses Segen.

Wie schön, wie traulich das Beisammensein
von Eltern, Kindern allen, groß und klein,
in winterlicher, langer Abendstunde!
Wohl schwach der kleinen Oellamp' gelbes Licht,
doch seh ich noch, wie es sich glänzend bricht
in all den lieben Augen in der Runde.

So frisch und fröhlich all bei emsigem Tun!
Der Mädchen fleißige Hände nimmer ruhn,
beim Stricken, Näh'n sich lässt so herrlich plauschen.
Wenn von den Knaben vorgelesen wird,
Großmutters Spinnrad leiser, sachter schwirrt,
gespannt im Kreise rings sie alle lauschen.

Und oftmals auch Großmütterchen erzählt
– den Platz zunächst bei ihr dann gern man wählt –
was sie in Kindheit, Jugendzeit erlebte,
wie die Franzosen kamen einst hierher,
von König Jerome's Joche, lästig schwer,
wie täglich man in neuen Nöten schwebte.

Dann freuten wir uns unserer bessern Zeit,
da Friede in den Ländern weit und breit.
Wie hell und froh erklangen unsere Lieder!
Des Spinnrads Surren tönte sacht hinein,
des Nachbars Dreschtakt fiel gar kräftig ein,
am Ofen schnurrt das Kätzchen hin und wieder.

Und eh der lange Winterabend schwand,
man Unserer lieben Frau noch Rosen wand,
wie es als Brauch in Haus und Hütt' gefunden.
Und „Myrrhengarten" und „Postille", beid'
Erbauung brachten uns in heiliger Zeit;
so schlossen friedlich schön des Abends Stunden. –

Voll stillen Glücks bei schlichter Häuslichkeit
sie vor uns steht die gute alte Zeit,
verklärt von Gottes- und von Herzensfrieden.
O wär' der liebearmen Welt von heut,
die so voll Selbstsucht, Unrast, Nüchternheit,
der warme Hauch der alten Zeit beschieden!

Das Dalhausener Weihnachtssingen

Dieser bis heute gepflegte Brauch ist vermutlich schon sehr alt; u. U. geht er bis ins Mittelalter zurück. Genaue Quellen, die sein Alter exakt belegen, gibt es nicht!

Dalhausen nannte man früher „das singende Dorf". Überall in den Arbeitsstuben und in den Sälen der Korbmacher, aber auch bei Familienfeiern oder dem „Kartoffelbraten" draußen an den Bergen hörte man die sogenannten „alten Lieder", von denen der Dalhausener Gesangverein, um ihr völliges Verschwinden zu vermeiden, einige auf Kassetten bzw. CD's aufgenommen und so der Nachwelt erhalten hat.

Diese Lieder – Volks-, Küchen-, Soldaten- oder auch Marienlieder – brachten der Ortschaft zu Recht den Beinamen „singendes Dorf" ein. Vermutlich hat auch das Dalhausener Weihnachtssingen, das bis heute Jahr für Jahr durchgeführt wird, zu diesem Ruf beigetragen.

Es läuft wie folgt ab: Seit dem Jahre 1910 ist die im Ortszentrum gelegene Gastwirtschaft Groll das sogenannte „Wachlokal". In ihm sammeln sich bis kurz vor 22 Uhr am Heiligabend die ersten Teilnehmer am Weihnachtssingen – überwiegend jugendliche männliche Dorfbewohner. Pünktlich um 22 Uhr beginnt mit dem letzten Schlag der Turmuhr und dem Ruf des von einem Teilnehmer geblasenen alten Dalhausener Nachtwächterhornes das Singen des 1. Liedes:

„Wie glänzet der Mond,
wie glänzet die Sonn.
Gott hat ja Maria zur Würde genomm',
so hübsch und so fein,
so lieblich und rein,
dem göttlichen Kinde seine Mutter zu sein."

Nach dem Singen dieses Liedes – wie nach jedem Lied – kehren die Sänger bis zur nächsten vollen Stunde in ihr „Wachlokal" zurück.

Der Ablauf des Singens – nur die Stellen, an denen gesungen wird, wurden im Laufe der letzten Jahre entsprechend dem Wachstum der Ortschaft erweitert –, ist der gleiche, wie er in unsere heutige Zeit überliefert wurde:

Stündlich werden an bestimmten Stellen im Dorf bestimmte Lieder an festgelegten Stellen gesungen und bis 24 Uhr vom Nachtwächterhorn begleitet. Ab 4 Uhr formieren sich die Teilnehmer am Singen – in der Regel zwischen 30 bis 50 Personen – zu einer Gruppe, die dann nochmals durch weite Teile des Ortes zieht und mit dem Lied: „Herbei, o ihr Gläubigen ..." die Dorfbewohner in die um 5 Uhr beginnende Christmesse bittet.

Zum Abschluss des Singens wird am unteren Rand des Krähenberges das Lied „Stille Nacht, heilige Nacht" den Kirchenbesuchern zu Gehör gebracht, bevor die gesamte Gruppe der Weihnachtssänger mit dem nochmals angestimmten Lied „Herbei, o ihr Gläubigen ..." singend zur Teilnahme an der kurze Zeit später beginnenden Christmesse in die festlich geschmückte St. Marien-Wallfahrtskirche einzieht.

MANFRED DIERKES

Erinnerungen an Johannes Hatzfeld

Ein Satz „Halleluja" zur Krippenfeier

Das Kirchspiel Ostinghausen bei Soest bekam einen neuen Pfarrer, Franz Meesmann. Er hatte fortan eine große Gemeinde zu betreuen. Drei Dörfer, Lohe, Bellinghausen und Schoneberg, gehörten dazu. Als Kirchenmusiker durch und durch, vermisste er einen Kirchenchor, also wurde er durch ihn gegründet. Fortan wurden die Hochfeste des Kirchenjahres besonders feierlich gestaltet. Da der Pfarrer als Kirchenchorleiter an der Orgel begleiten und dirigieren musste, brauchte er eine Vertretung am Altar. Da half ihm sein Freund Dr. Johannnes Hatzfeld aus, der in Paderborn wohnte. Sie waren seit der Studienzeit befreundet. Er war auch ein begnadeter Musiker und Prediger. Er verkündete nicht nur die Frohe Botschaft, er machte die Gläubigen noch fröhlich dazu, nicht selten brachte er sie alle zum Lachen. Dr. Hatzfeld besaß kein Auto, er kam mit dem Zug zum Horner Bahnhof und ging zu Fuß nach Ostinghausen.

Einmal begegnete ihm im Dorf ein kleines Mädchen mit ihrem Roller. Sie fuhr immer wieder an ihm vorbei und betrachtete ihn ganz erstaunt. Dann fuhr sie zur Mama und rief aus voller Kehle: „Mama, ich hab 'ne Mann-Frau gesehen." Dr. Hatzfeld trug nackenlanges Haar, gleich einem Bubikopf, der von seiner Schwester regelmäßig geschnitten wurde. Zu einem Weihnachtsfest komponierte er uns ein „Ehre sei Gott in der Höhe", im zweiten Jahr schrieb er noch einen Satz „Halleluja" dazu. Wir nahmen ihn mit in die Krippenfeier. Das war eine überselige Stunde. Sie ließ uns den Krieg, der schon drei Jahre in seiner Grausamkeit tobte, für kurze Zeit vergessen. Die wunderbaren Gesänge, die wir durch diese beiden Freunde erleben durften, klingen noch heute durch unsere Seelen. Nicht zu vergessen sind die Sonntagsgespräche, die regelmäßig im „Leoblatt" zu lesen waren. Der Päpstliche Geheimkämmerer Hatzfeld war ein internationaler Kirchenmusikkritiker. Paderborn hat ihn zum Ehrenbürger ernannt. Er starb am 5. Juli 1952 im Alter von 72 Jahren.

PAULA SCHUMACHER

Franz Fromme

Ballade über den wilden Jäger Hackelberg

Die Jagdgenossen sind geladen
aus Nah und Fern. Wo kam'n sie her?
Sie kamen auf des Sollingspfaden
mit ihrer Meute, Ger und Speer.

Am Jagdhaus steht der alte Förster
mit schwarzem Bart und finsterm Blick.
Der große Hut mit breiter Krempe
verdeckt sein unwillig Gesicht.

„Ihr Jäger auf! Beginnt das Jagen!
Wie sonst euch führen kann ich nicht.
Mein teures Weib auf ihrem Lager
sah ein gar unheilvoll' Gesicht.

Ein wilder Eber würd' mich töten.
Im Traume war es wohl zu sehn.
Sie fleht mich an in ihren Nöten.
Nun gab ich nach, ich kann nicht gehn."

Am Abend gab es reiche Beute.
Die Strecke lag am Waldesrand.
Wild kläffte noch die Schar der Meute.
Auch Hackelberg zur Sicht sich fand.

Mit Jagdlust nahm er ab die Strecke,
fand einen Eber riesengroß,
hob dessen Kopf mit dem Gebreche,
ließ ihn dann plötzlich wieder los.

„Da liegst du nun, du wilder Recke,
mit deinem mächtigen Gehau.
Ich halte nichts von deinem Schrecke
noch von den Tränen meiner Frau."

Doch noch beim Fallen kam die Tücke.
Des Ebers Kopf mit langem Zahn
riss seine Hose wohl in Stücke
und in die Wade eine Bahn.

Nicht heilen wollte mehr die Wunde.
Ein Wundbrand brachte ihm den Tod.
So trug des Traumes bittre Kunde
doch noch ins Jägerhaus die Not.

Ans Sterbebett bat er die Seinen –
die Jagdlust raste noch im Blut –
„Im Walde sollt ihr mich beweinen.
Im kühlen Tann, da ruh' ich gut.

Mein treues Pferd, das soll euch führen
und wo es Halt macht, grabt uns ein.
Ich ritt mit ihm auf vielen Fluren,
es soll im Tod auch bei mir sein."

Am Moosberg, auf des Sollings Höhen,
dort grub man sie gemeinsam ein.
Ein mächt'ger Eichbaum mag dort stehen
und dunkler Tann ihr Wächter sein.

Zur Winterzeit, beim Sonnwendfeste,
da regt es sich im. dunklen Tann.
Wenn Wodans wilden Reisegästen
er folgen kann, wie jauchzt er dann.

Er reitet mit im wilden Trosse.
Wir ducken uns in dieser Zeit.
Die Türen dicht! Der Lärm der Rosse
bringt Unheil und Beschwerlichkeit.

Tschiff! Tschaff! Tschoho! hör' ich die Rufe.
Es braust dahin die wilde Schar. –
Verklungen ist der Schall der Hufe.
Der Sturm läßt nach. Die Nacht wird klar.

Dann ist vorbei das Ungewitter.
Natur und Mensch sind wieder frei.
Doch nächstes Jahr, dann kommt er wieder.
Wie oft noch, bis der Spuk vorbei?

Begegnung mit meinem Stern

Es sind ja oft die kleinen Dinge des Lebens, die uns erfreuen, die uns innehalten lassen und nachdenklich stimmen. Als ich frühmorgens am 6. Januar, dem Dreikönigstag, die Rolläden hochzog, leuchtete mir ein Stern am noch dunklen Himmel besonders hell entgegen. Ich betrachtete ihn eine Weile und erfreute mich an seinem Funkeln und Strahlen.

Auf dem Weg zum Aussende-Gottesdienst der Sternsinger entdeckte ich den auffälligen Himmelswanderer wieder. Er hatte noch immer nichts von seiner Leuchtkraft eingebüßt. Als ich ihn am dämmrigen Himmel mal unverdeckt, mal durch das kahle Geäst der Bäume blinzeln sah, da war mir, als zöge er vor mir her.

Plötzlich wußte ich, dass mir „mein Dreikönigsstern" erschienen war! Und in mir stieg die trostvolle Zuversicht auf: Dieser Himmelsbote würde meinen Weg nicht nur für diesen Tag beleuchten, sondern mich auch fortan sicher durch das neue Jahr geleiten.

Hildegard Terstesse

„Lektion" im Winter

Meine Kindheit erlebte ich in einer kleiner Stadt in Niedersachsen. Meine Mutter war eine mildtätige gottesfürchtige Frau. Ihre selbstverständlichen guten Taten und ihre Weisheiten haben sich mir eingeprägt und führen mich heute noch.

In den „schlechten Jahren", also in den Kriegsjahren und Nachkriegsjahren, ging kein Hilfesuchender, kein Zigeuner und kein Hausierer von unserer Tür weg, ohne etwas in der Hand oder im Magen zu haben. Wie oft gab sie jemandem einen Teller Eintopf oder Suppe, ein Butterbrot oder ein Kleidungsstück. Kein Bargeld, das war ihr knapp. Und von unserer guten Sonntagssuppe musste ich, wenn es sie denn gab, oft eine Schüssel voll zu einer alten Frau in die Nachbarschaft bringen. Diese Hilfsbereitschaft glich sie durch eigene schmale Kost und erfindungsreiche Kochkunst wieder aus.

Eines Wintertages hatte in der frühen Dämmerung unser Briefkasten zu ungewohnter Zeit sein unverkennbares Klappzeichen gemacht. Meine Mutter verließ die Küche, und ich hörte auf dem Flur einen Juchzer und lief ebenfalls hinaus. Da hielt meine Mutter eine Lebensmittelkarte in der Hand, eine gelbe. Gelb war in diesem

Monat die Gültigkeitsfarbe, ohne eingetragenen Namen in der Mitte. Eine vollständige Lebensmittelkarte! Keine Kauferlaubnis war abgeschnitten, alles war dran, auch die 50g-Abschnitte für Brötchen, Mehl... Meine Mutter und ich drehten sie hin und her. Und einer ihrer vielen Sprüche begleitet mich noch jetzt, sie sagte ihn in diesem Moment: „Es ist nichts so fein gesponnen – Gutherzigkeit siegt". Danke für diese Lektion!

ANNELIESE GREWE

Die anderen Brücken

Du hast einen schönen Beruf, sagte das Kind zum alten Brückenbauer, es muss sehr schwer sein, Brücken zu bauen.

Wenn man es gelernt hat, ist es leicht, sagte der alte Brückenbauer, es ist leicht, Brücken aus Beton und Stahl zu bauen. Die anderen Brücken sind viel schwieriger, sagte er, die baue ich in meinen Träumen.

Welche anderen Brücken?, fragte das Kind.

Der alte Brückenbauer sah das Kind nachdenklich an. Er wusste nicht, ob es verstehen würde.

Dann sagte er: Ich möchte eine Brücke bauen von der Gegenwart in die Zukunft. Ich möchte eine Brücke bauen von einem zum anderen Menschen, von der Dunkelheit in das Licht, von der Traurigkeit zur Freude.

Ich möchte eine Brücke bauen von der Zeit in die Ewigkeit, über alles Vergängliche hinweg.

Das Kind hatte aufmerksam zugehört. Es hatte nicht alles verstanden, spürte aber, dass der alte Brückenbauer traurig war.

Weil das Kind ihn wieder froh machen wollte, sagte es: Ich schenke dir meine Brücke. Und das Kind malte für den Brückenbauer einen bunten Regenbogen.

ANNE STEINWART

HEIDRUN GROSSE-HOLLING

Wolkenschäfchens Reise zur Erde

Habt ihr euch schon mach Gedanken gemacht, wo die Regentropfen herkommen? Ich will es euch verraten, denn sonst erratet ihr es nie. Es sind die Tränen der Wolkenschafe, die traurig sind, weil eines ihrer Schäfchen „ausgebüchst" ist, um unserer lieben, alten Erde einen Besuch abzustatten. Es war nämlich neugierig und wollte schon immer einmal die schöne, bunte Erde nicht nur von oben ansehen, sondern selbst erleben.

Oben am Himmel wohnt – wie ihr wisst – der Mann im Mond. Er ist der Hüter der Wolkenschafe, die tagsüber im tiefen Schlaf liegen und erst abends, nach Sonnenuntergang, wach und dann so richtig putzmunter werden. Sie futtern dann wie die Scheunendrescher, ob Silbergras, Eiskraut, samtiges Moos oder sogar Wurzeln. Sie springen, hüpfen, toben, schlagen Purzelbaum. Es geht über Stock und Stein beim hellen Mondenschein. Hei, ja! Richtige Tausendsassa sind sie; sie stecken so voller Übermut, dass der Mann im Mond, ihr Hirte, auf der Hut sein muss, denn sie verstecken sich gerne im hohen Mondgras und hinter silbrigen Büschen, um ihn zu necken.

Um Mitternacht, wenn er eine kurze Rast hält, hat er einmal nicht aufgepasst. Wie er gerade nicht hingeschaut hat, ist das kleine Schäfchen davongehüpft. Heimlich, still und leis.

Ehe das Schäfchen sich auf die Erdenreise macht, nascht es zuvor noch am silbrig frischen Mondgras, denn das isst es besonders gern. Es schnuppert hier, es schnuppert da. So hoppelt es immer weiter in die Ferne. Doch halt, da ist es schon viel zu weit hinaus! Oje, jetzt findet es nicht mehr zurück nach Haus, weil es die Umgebung nicht mehr kennt. Hilflos rennt es hin und her. Niemand hört es, als es jämmerlich zu blöken anfängt, vor lauter Kummer und Heimweh. Als es nun da so hilflos steht, sieht es plötzlich etwas glänzen. Es ist das große Himmelstor und vor ihm steht Petrus! Er ist der Wächter, der schaut und wacht, dass niemand Fremdes ins Himmelreich eindringt. Auch passt er auf die Engelein auf, damit sie nicht zur Erde schweben, denn das ist nur im Advent und in der Heiligen Nacht erlaubt.

Wenn die Weihnachtszeit kommt, dann gibt's bei Petrus großes Gedränge. Dann fliegen und flitzen die Engel. Ja, dann ist am Himmelstor Riesenverkehr! Doch ist der Heilige Abend vorüber, hat Petrus nicht mehr viel zu tun. Er kann sich vom Weihnachtstrubel an der Himmelstür erholen. Dann braucht er auf die vielen fleißigen fliegenden Engel nicht mehr so sehr aufzupassen, weil sie Himmelsferien haben.

Nur den Sandmann muss er jeden Abend zu den kleinen Kindern auf die Erde hinaus- und wieder zum Himmel hereinlassen.

Der Sandmann kommt mit einem neuen Sack zum „Gutenacht"-Streuen für die Erdenkinder. Nun ja, der Schlafsand ist eine besondere Sorte, und sie gibt es nur an der Himmelspforte. Derweil hüpft das Schäfchen im Schäfchengalopp am Himmelstor entlang. Doch Petrus ist kurz abgelenkt, weil er den Sandmann mit seinem Sack empfängt. Da er ihn, wie jeden Abend, willkommen heisst, hat er weder das Schäfchen gehört, noch gesehen, wie es schluchzend daherkommt. Da sieht das Schäfchen plötzlich, dass die Himmelstür nicht richtig geschlossen ist. Nur ein klitzekleiner Spalt ist geöffnet. Da schlüpfe ich schnell hinaus, denkt das Schäfchen und die Traurigkeit ist verflogen, das merkt keiner, auch Petrus nicht, der gerade mit dem Sandmann spricht. Nun will ich zur Erde hinab schweben wie die Engel, freut sich der kleine Ausreisser. Das wird eine tolle Reise! An seine Mutter denkt das Schäfchen nicht, als es lautlos und heimlich hinter Petrus herschleicht, und husch ist es schon aus dem Himmelstor geschlüpft! Nun ist es dem Wächter entwischt, und unbemerkt schwebt es jetzt froh und munter vom Himmel auf die Erde hinunter.

Derweil hat der Mann im Mond gerade die Schäfchen gezählt und dabei bemerkt, dass ein Schäfchen verschwunden ist. Da vergeht ihm das Lachen. „Wo kann es nur sein? Wo irrt das Lämmlein so ganz allein umher?" Der arme Mann im Mond ist sehr betrübt. Ja, du böses Schäfchen, was machst du für Sachen. Da fangen die großen und kleinen Schafe, die inzwischen von dem kleinen Ausreisser gehört haben, bitterlich zu weinen an. Jetzt schluchzt die ganze Schäfchenherde. Die Tränen fallen auf die Erde, das sind die Regentropfen, die leise an unsere Fenster klopfen. Wenn alle Himmelsschafe weinen, und der Mann im Mond nicht mehr scheinen will, regnet es sehr bei uns auf der Erde. Der Mann im Mond hat sich sogar im Wolkenmeer versteckt, voll Kummer und Trauer wegen des verlorenen Schäfchens. „Ob Petrus wohl einen Rat weiss? Den will ich zuerst einmal befragen." Petrus steht an der Himmelstür und sieht jeden aus- und eingehen. Er fragt erstaunt: „Weshalb kommst du so schnell von deiner Wolkenweide?" Da klagt ihm der Mann im Mond sein Leid, erzählt ihm vom Schäfchen, das verloren gegangen ist, seit er um Mitternacht für Sekunden nicht Obacht gab. Petrus denkt derweil nach und antwortet: „Nun, gräme dicht nicht, Mann im Mond. Kommt Tag, kommt Rat! Wenn das Schäfchen nicht mehr im Himmel ist, so soll es wohl zur Erde hinuntergepurzelt sein. Ei, es könnte entschlüpft sein, als ich die Himmelstür heute einen Spalt auf liess, um dem Sandmann den Himmelsschlaf für die Erdenkinder zu geben. Es muss wohl still und leise hinter mir her aus dem Himmelstor gehuscht sein und dann die Reise zur Erde angetreten haben. Ja, ich erinnere mich, es schwebte zur Erde. Ich dachte, es sei des Sandmanns Päckchen. Aber keine Sorge, wir kriegen es. Ich werde den Sandmann benachrichtigen. Ich schicke einen Engel zur Erde. Der

Sandmann hat ein wachsames Auge und wird das verloren Schäfchen wiederfinden."

Petrus sandte einen Engel mit einer Botschaft an den Sandmann zur Erde. Der Sandmann hatte indes gerade seine abendliche Schlafsandverteilertour bei den Erdenkindern beendet und wollte in sein „Gute-Nacht-Quartier" heimkehren, da traf der Engel mit der Botschaft ein. Der Sandmann dachte kurz nach. Da fiel ihm ein, dass er bei den Kindern Peter und Petra etwas wollig Weißes vorm Fenster hatte liegen sehen. Könnte das womöglich das Schäfchen gewesen sein? So lief er behende zum Haus von Peter und Petra zurück.

Als er näher kam, hörte er ein herzzerreißendes Wimmern – wie von einem kleinen Kind. Und richtig, da lag es, das Schäfchen, mutterseelenallein, tief traurig, frierend, ohne Mutter, ohne seine Herde, ohne das schöne Silbergras auf der blanken kalten Erde. „Da bist du ja, du dummes kleines Schaf", sagte der Sandmann, „was machst du hier auf der Erde, auf dem kalten Boden? Hör auf zu blöken! Du weckst ja noch die Kinder aus ihren süßen Träumen, die ich ihnen mit dem Schlafsand in die Augen gestreut habe. Sei still, du dummes Ding. Komm, steh auf und gehe mit mir zum Himmel hinauf und wieder zurück zu deiner Weide und Herde, deine Mutter wartet schon auf dich. Auch die Wolkenschafe sind tieftraurig und der Mann im Mond erst recht." „Nein, nein", schrie das Schaf, „ich will nicht mit. Ich will nicht mehr zurück zum Mann im Mond und zu den anderen Himmelsschafen. Dort ist es mir zu langweilig. Meine Mutter hat ja noch andere Schäfchen, da wird sie mich nicht vermissen. Außerdem werde ich von allen Schelte kriegen, besonders von Petrus. Der poltert immer so laut drauf los, wenn die Engel mal nicht gehorchen". „Schämst du dich nicht, du freches kleines Ding?", antwortete das Sandmännchen. „Du willst also nicht mehr mit zurück kommen? Weisst du eigentlich, dass die ganze Schafherde wegen dir geweint hat? Deshalb regnet es heute auf der Erde. Deine Mutter ist tief betrübt, mag nicht mehr fressen, und der Mann im Mond ist auch sehr traurig und will nicht mehr scheinen. Er hat sich sogar wegen dir ins Wolkenmeer verzogen. Steh jetzt endlich auf und komm mit mir, sonst stecke ich dich in den Sandsack."

„Nein, nein, ich will nicht mit dir zurückkehren", blökte das Lämmlein.

„So, dann bleibe hier auf dem kalten Boden liegen und friere, denn bald wird es Frost geben. Die Kinder droben werden dich nicht hören, sie schlafen fest. Aber der große Hund vorm Haus in der Hundehütte wird dich morgen finden und beißen."

„Was soll ich tun. Ich habe so große Angst vor Petrus, dem Mann im Mond, meiner Mutter und all den anderen Schafen. Sie werden mit mir schimpfen oder sonst was mit mir tun. Außerdem schäme ich mich vor ihnen."

„Komm nur mit mir, Schäfchen, ich regle das schon", antwortete Sandmännchen, „schlüpfe in meinen letzten Sandsack, und ich bringe dich unbemerkt zur Himmelsweide zurück."

Es geschah, wie der Sandmann gesagt hatte. Er nahm das Schäfchen huckepack und lief geradewegs über einen Sternenstrahl von der Erde hinauf zum Himmel.

Petrus lachte, als er den Sandmann mit dem Sack sah. Er flüsterte nur: „Ist da unser Ausreißer drin?"

Flugs eilte der Sandmann mit dem kleinen Schaf zur Himmelswiese, ließ es aus dem Sack und sagte: „Nun suche deine Mutter und die anderen und entschuldige dich beim Mann im Mond, denn auch er erwartet dich." Das Schäfchen fand alsbald seine Herde. Die Schäfchengeschwister brachten es nach freudiger Begrüßung zu seiner Mutter zurück, die überglücklich in Tränen ausbrach. „Ich will es nie wieder tun", sagte der kleine Ausreißer. „Ich werde nie mehr weglaufen. So schön ist es auf der Erde gar nicht. Dort unten ist es kalt, nass und dunkel. Es wachsen kein solch samtweiches Moos und kein so weiches Silbergras wie hier oben." Der Mann im Mond sagte: „Die Erde ist halt nur von hier oben schön anzusehen. Wolkenschafe leben besser auf der Wolkenweide. Hier haben alle ihren Frieden und ihre Ruhe." So ging die Erdenreise des kleinen neugierigen Schafes gottlob gut zu Ende. Es kehrte heil und erleichtert zur Wolkenschafherde zurück, wo es fortan ein lammfrommes Schäfchen wurde, das nie mehr ausreißen wollte und das sich die schöne Erde nur noch von oben besah.

Ernst Harten

Iut moiner Scheoltoid

Grauet Woeter

Frost oll dreu Wicken, deu Sneu lagg kneuhaueg.
Dauwind up eunmoel dorrt Wesserdoehl flaueg.
Funk't an teo bieen[1)] un funk't an teo rinnen,
woeter dan Lauep moß norr Wesser hön finnen.

Höchter deu Fleot steieg bis äober dan Rand,
leck't oll in't Därp rin, up Wiesen un Land.
Oisschellen[2)] driewen, ött scheuten deu Wellen,
Fiehrmann un Scheppers dat Foiehrn instellen.

Woeter in't Hius! Satt dan Luien oll twaß[3)],
Junge, ösch Bloen gaff't Iutsicht up Spaß!
Scheolfroi un Schiepen in'n Auehrn oll klingeln,
woll doch deu Fleot man dat Scheolhius ümmetingeln!

Steune wuern iutleggt un snüffelt wi'n Voß,
off't wall van Stunne teo Stunne auek woß.
Juhu! No Hius, in de Küeken gesprungen!
„Vatter, niu koik doch dan unwoisen Jungen!"

„Morrn steiht deu Deuel villichte oll blank,
help leuwer sliepen iut Kellder un Schrank,
Kartuffeln un wat ni deu Nätt'kann vorrdräuen,
Sieen un't Swoin müet vanoebend ümmeteuhen." –

Rasch no moel riuter! Ött blenkert un quellt!
„Keerl, wat dat klappet!", deu Jungensreop gellt!
„Bengel, no'n Bedde, harin van derr Stroeten!"
Oeber dan wull't no ni insloepen loeten.

Griulich in'n Duistern dat Hauegwoeter riuscht. –
Lecht wuer't. – O Heer! Doe was ollens vorrtiuscht!
Woeter in Küeken, in Stall, in derr Stäoben,
Därp under Woeter van unnen bis äoben!

Vatter deu Bülten[4)] het gaue oll leggt,
moeket deu Fleuschbütt[5)] teon Schiepen teorecht.
„Junge, stoig in, denn woi willt ött probieren,
willt moel boi Großmutter noevisentieren."

Vatter mit Stäuken dat Schepp brocht' in'n Gank;
Stolt gunk't an Scheole un Kärken entlank.
Heit doch deu Möers üehre Fensters oll äopen:
„Bengels, joi heiert ni bis euner vorrsäopen!"

Froidschen in'n Backtrogg röppt: „Schiepen is gladd[6]!"
Plumsdig, doe kipp't heu, is natt wi ne Katt.
Putschetsno Hiuse bis äober de Woeden
rundümme lachet deu Scheolkameroeden.

Vatter niu kloppet boi Großmutter an,
helpt üehr un sorget un deit wat heu kann. –
Luie, seo könn eck no lange vorrtellen,
oeber, niu will'k van meck sülmst no wat mellen:

Düttmoel doe was't mit dan Woeter teo dull,
Veuer un foif Doe dat Därp stund oll vull.
Woi harrn no Glücke, dat Hius bleiew in'n Druien,
unnen in'n Därpe stun't slim boi dan Luien.

Vatter, en Schepper, seck kortüm entslauet,
Hülpe teo bringen dan Landsluien in Nauet.
„Junge, dat Brauet sall doe unnenwall feihlen,
Loet ösch teoeuerst moel no'n Bäcker hönpeilen."

Lattenschepp[7] her un dan Stangenbauem[8] teor Hand,
Hinnen eck stuierde mit Scheppervorrstand.
Loedung an Bord, äober'n Scheolplatz wooi stemmen,
läuten van'n Streom ösch deu Langestroet' swemmen.

Reupen „Hallo" un „wue geiht't?", „is weu krank?"
„Feihlt ött an Noehrung, is neiedeg en Gank?"
„Brauet is an Bord vorr deu gröttersten Sorgen!" –
Hoier was't oll olle, un doe reiek't bis morgen.

Auele un Kinder wuern euesmoel bedacht.
„Haulet jöck man dapper, dat Woeter fällt sacht!" –
Lanksoem vorrleiep't seck iut Feldern un Flütten,[9]
Schruppet deu Woiber mit Emmers un Bütten.

Schoe[10] an Huisern un Sooeten[11] was swoer.
Achteinhundertniegentig schreiew seck dat Joehr.

1) tauen.
2) Eisschollen.
3) ..quer.
4) Laufsteg auf Holzklötzen.
5) Sie hatte Ellipsenform.
6) ..schön.
7) ..ein langer, schmaler Kahn.
8) Stange mit Eisenspitze und Haken zum Schieben des Kahns.
9) ..vom Hochwasser gerissene Vertiefungen in den Feldern.
10) Schaden.
11) ..Saaten.

Erwin Dübbert

Rätsel um die Ossendorfer Monstranz

Ein Dorfstreit seit Generationen

Nichts hat die Gemüter der katholischen Einwohner von Ossendorf und Nörde je so erhitzt wie die Frage: Wem gehört die Monstranz in der Ossendorfer Pfarrkirche? Schon seit Generationen geht dieser „Kirchenstreit". Aus Erzählungen der Väter und Großväter, Legenden längst vergangener Jahrzehnte, lebt dieser kleine Streit der Nachbargemeinden immer wieder auf und wird an die Kinder und Enkel „weitervererbt". Die Ossendorfer behaupten genauso wie die Nörder, dass die aus dem 15. Jahrhundert stammende und in der Ossendorfer Pfarrkirche St. Johannes befindliche Monstranz das Eigentum der jeweiligen Kirchengemeinde sei. Die Nörder Christen mussten jahrhundertelang mangels einer eigenen Kirche in die Ossendorfer Pfarrkirche gehen. Eine endgültige Entscheidung wird es wohl nicht geben, so dass die Legende vom „Monstranzklau" weiterhin in den Dörfern erzählt wird.

Geschichtlich hat sich folgendes in den beiden Dörfern abgespielt: Das Diemeltal wurde vom hl. Sturmius, einem Sendboten des hl. Bonifatius (675-754) missioniert. In dieser Zeit wurde in Ossendorf die erste Taufkirche aus Holz errichtet, die bereits dem hl. Johannes dem Täufer geweiht war. Die Missionare kamen durch das Diemeltal und zogen über Ossendorf zur Weser nach Herstelle. Um 1000 nach Christus gehörte Ossendorf als eigenes „Kirchenspiel" (Pfarrbezirk) zu Scherfede. Im Dreißigjährigen Krieg (1618-1648) litt Ossendorf sehr unter den Kriegswirren. Auch die Kirche wurde nicht verschont – das Kircheninnere war völlig leer. Diese alte Ossendorfer Kirche, die wahrscheinlich an Stelle einer frühchristlichen Holzkirche errichtet war, stammte aus dem 12. Jahrhundert, wird 1231 urkundlich erwähnt und gehörte zu dieser Zeit dem „Archidiakonat" des Domkämmerers zu Paderborn.

Da die Bevölkerung infolge des 30jährigen Krieges stark gesunken war, wurde die Kirche verkleinert und nur noch einschiffig wieder aufgebaut. Nach dem Umbau 1656 bekam sie eine glatte Decke und war nur noch so groß wie das heutige Querschiff. An der Nordseite der Kirche wurde 1710 eine Sakristei in Fachwerkbauweise angebaut. Eine Außentreppe führte zur sogenannten „Elkenbühne", weil sich dort Iltis und Marder (Elk) eingenistet hatten. Diese Kirche wurde im Laufe der Jahre zu klein, vor allem, weil auch die Katholiken aus Nörde zum Sonntagsgottesdienst kamen.

Aus dieser Zeit stammt die immer noch bestehende Legende von dem „Monstranzklau" zwischen den Nördern und den Ossendorfern. Es handelt sich um eine aus Kupfer Ende des 15. Jahrhunderts angefertigte stark vergoldete Monstranz. Sie ist 61 cm hoch und hat ein zylinderförmiges Gehäuse mit Fialen, Strebebögen und Statuetten. Die Legende erzählt, dass die Nörder Christen diese Monstranz zwar bezahlt hätten, diese dann aber nicht mit nach Nörde in ihre eigene neue Kirche nehmen durften. Neueste Forschungen haben jedoch ergeben, dass diese Monstranz höchstwahrscheinlich sogar aus dem Kloster Hardehausen stammt – also weder den Ossendorfern noch den Nördern gehört.

Da die alte Kirche in Ossendorf baufällig und zu klein geworden war, entschloss man sich 1899 zum Kirchenneubau. Im April 1904 feierte die Kirchengemeinde erstmals in der Notkirche auf der Tenne des Pfarrhauses die hl. Messe. Pfarrer Peters trieb nun den Neubau stetig voran. Durch Bischof Wilhelm Schneider erhielt die neue Pfarrkirche am 17. Juni 1907 die bischöfliche Weihe.

Eng mit Ossendorf war immer der nur zwei Kilometer nördlich liegende Ort Nörde verbunden. Dieses Dorf wurde 1913 zu einer Kirchenfilialgemeinde erhoben. Nörde wird schon im 12. Jahrhundert in den Besitzaufzählungen der Klöster Helmarshausen und Willebadessen genannt. Im 13. Jahrhundert ist Nörde Mittelpunkt einer Streitigkeit zwischen den Grafen von „Everstein" und dem Kloster Helmarshausen um das dortige „Zehntrecht". Das Kloster Hardehausen wiederum erwarb zielstrebig vom 13. bis zum 16. Jahrhundert Landbesitz in Nörde und erhob den „Zehnt" zuerst bei den bischöflichen Ministerialfamilien Marschall und Schulte von Warburg; in Nörde selbst in den bis ins 15. Jahrhundert getrennten Siedlungen „Groß- und Klein- (West- und Ost-) Nörde". Kloster Hardehausen erwarb 1416 ehemaligen Corveyer Besitz, 1419 Land des Klosters Willebadessen und Besitz derer „von Spiegel". Das Recht, „das Dorf zu umgraben", zu „bezäunen" und zu „umplanken" erhielt das Kloster Hardehausen 1427/28. Ebenso wurde dem Kloster Hardehausen die Gerichtsbarkeit vom bischöflichen Landesherrn verliehen.

Im selben Jahr (1430), in dem in Ossendorf der Heinturm erbaut wurde, erlaubte auch der Erzbischof Dietrich von Mörs, welcher der Administrator von Paderborn war, die Errichtung einer Kapelle zu „Ehren der Jungfrau Maria" in Nörde. Die Kapelle wurde 1432 eingeweiht. Der berühmte westfälische Barockbaumeister Johann Conrad Schlaun, 1695 in Nörde geboren, ist in der Ossendorfer Pfarrkirche getauft worden. Nach Aufhebung des Klosters Hardehausen hat der preußische Staat 1806 die ehemalige Zehntscheune in Nörde der Gemeinde als Schulgebäude zur Verfügung gestellt, bis diese dann 1865 durch einen Brand verwüstet wurde.

Hans-Werner Kulinna

Das Rad der Welt

Die Zeit ist reif, um nachzufragen,
wohin der Weg der Menschheit führt.
Die Räder haben keine Reifen,
und jeder Mensch sich selbst genügt.
Die Liebe, die den Menschen prägte,
bleibt auf der Strecke jeden Tag.

Wo ist der Weg, der auf uns wartet,
der zeigt, wohin die Reise geht?
Ob Staat, ob Kirche, alle hoffen
und niemand eine Antwort gibt.

Die Großen fragen sich geängstigt,
was aus den Kindern werden wird,
die eines Tages auf der Erde
den eignen Weg beschreiten sollen.

So ist das Rad der Welt verkommen
und trotzdem glauben alle dran,
dass es schon weitergehen wird –
nur wie, dass fragen wir uns bang.
Und jeder glaubt an seine Antwort,
denn jeder weiß den besten Rat.

Doch unser Rad kann nicht mehr laufen,
denn Liebe lässt sich niemals kaufen.
So bleibt der Menschheit das Vergnügen,
sich mit Bildschirmen zu begnügen.
Die Technik hat den Sieg geboren
und Menschenwürde scheint verloren.

Das Rad kann auseinanderfallen,
es muss den Menschen wohl gefallen.
Doch jeder kann die Speichen sehen
und manche werden schnell verstehen,
warum das Rad gebrochen ist.
Das Rad der Welt, es meint wohl mich
und zeigt mit Fingern auch auf dich.

Zu den Autorinnen und Autoren

GERTRUD ADAMS, geb. 17. März 1954 in Meschede, Dipl. Sozialpädagogin und Freie Journalistin. Lebt und arbeitet in 33106 Paderbom-Elsen.

CLAUDIA AUFFENBERG, geb. 1968 in Paderborn, Redakteurin bei der Kirchenzeitung DER DOM.

ALFONS BAMBECK, 1936 in Essen geboren, 1948-1954 Schulausbildung bis zur Mittleren Reife, 1954-1957 Lehre mit Abschluß als Großhandelskaufmann, 1965 externes Abitur, 1967-1970 Studium: Pädagogik, Mathematik, Biologie und Geographie, 1970-1971 Referendarium, 1971-1998 Lehramt bis zur Pensionierung, Familienstand: verheiratet seit 1959, drei Kinder, sechs Enkelkinder, wohnt in Büren-Steinhausen.

THERESIA BRACKER wurde am 9. Mai 1934 in Brakel geboren. Sie besuchte das Gymnasium Brede in ihrer Heimatstadt bis zur Mittleren Reife. Danach war sie in Düsseldorf und später in Köln zwölf Jahre als Bankangestellte tätig. 1959 heiratete sie; 1963 und 1967 wurden ihre beiden Töchter geboren. Ihr Mann erhielt 1974 die Möglichkeit, sich beruflich nach Brakel zu verändern. So kam Theresia Bracker mit ihrer Familie wieder in ihre Heimat zurück. Hier begann sie dann auch – nach ersten Versuchen in der Jugend – sich mit Gedichten zu befassen. Nach der Pensionierung ihres Mannes verzog sie nach Marienmünster-Vörden. – Veröffentlichungen in Zeitungen und Zeitschriften; zwei Gedichtbände im Selbstverlag.

ALFONS BUNGERT, Pfarrer i. R., wurde 1929 in Weilerbach (Pfalz) geboren. Er studierte in Mainz und München und wurde 1955 in Speyer zum Priester geweiht. Der Autor hat zwölf Bücher geschrieben (darunter „Ein kritischer Abend in Assisi", „Die heilige Hildegard von Bingen", „Pauline von Mallinckrodt", „Kind du in der Krippe", „Der Tag der Abstimmung", „Dann reiß mich aus den Ängsten") und ist durch viele Veröffentlichungen in Zeitungen, Zeitschriften und Anthologien bekannt geworden. Alfons Bungert wohnt in Paderborn.

HANS-JOACHIM CHOLLET, geboren 1933 in Schwedt/Oder, aufgewachsen in Gollnow (Pommern) und Bützow (Mecklenburg), ab 1950 in Westfalen. Postassistent 1955 bis 1960, Gründer und Leiter der Ev. Volksschule Hövelhof 1963 bis 1969, dort Realschullehrer 1969 bis 1995, wohnt in Paderborn.

LUCIA CORS, geboren 1932 in Karlsburg/Schlesien, 1945 Flucht und Übersiedlung nach Westfalen, war zuletzt als Realschullehrerin in Schloß Neuhaus tätig, lebt in Paderborn. Veröffentlichungen: Lyrik, Kinderbuch, Erzählungen.

JOSEF DIERKES, geb. am 23. Mai 1929 in Dalhausen, Kr. Höxter, Abitur am Gymnasium „Marianum" in Warburg, Studium in Emsdetten und Paderborn, 13 Jahre Lehrer an der Volksschule in Erkeln, dann bis zur Pensionierung 26 Jahre an der Realschule in Beverungen. In seinen Texten starker philosophischer Einschlag, wohnt in Dalhausen.

MANFRED DIERKES wohnt in Dalhausen. Beruf: Kommunalbeamter. Veröffentlichungen: Örtliche Presse, Schriftenreihe: „Weser, Bever, Berg und Tal". Hobbys: Heimatpflege, Jagd und Natur.

Erwin-Heinrich Dübbert, geboren 1958 in Ossendorf, wohnhaft in Ossendorf, verheiratet. Beruf: EDV-Kaufmann. Hobby: Schreiben. Aktiver Musiker seit über 30 Jahren im Musikverein Ossendorf, Dorfchronist von Ossendorf.

Paula Eckel, Warburg, wurde 1922 als zweites von zehn Kindern in Daseburg geboren. Sie arbeitete viele Jahre als Lehrerin, zuletzt an der Laurentiusschule in Warburg. Anläßlich des 70. Geburtstages ihrer ältesten Schwester schrieb sie ihr ein Buch über die eindrucksvollsten gemeinsamen Erlebnisse ihrer Kinderzeit, dem die Beiträge in diesem Buch teilweise entstammen.

Hildegard Eikel, geb. 1934 in Paderborn, Abitur am Pelizaeus-Gymnasium, Studium an der Pädagogischen Hochschule Paderborn. Von 1955 - 1996 als Lehrerin und Konrektorin (mit mehrjähriger Unterbrechung, verheiratet, zwei Kinder) an der Grundschule tätig, davon 33 Jahre an der Elisabeth-Schule in Paderborn. Veröffentlichungen: „Der Geschichtenbaum", „So wie ich bin", „Das Zauberfenster". Gedichte und Geschichten in Zeitungen und Zeitschriften, Lesungen für Kinder und Erwachsene seit 1989. Verwitwet seit 1997.

Josef Fleckner, am 10. März 1938 als fünftes Kind in Westheim in Westfalen geboren. Zehn Jahre Volksschule, danach fünfzehn Jahre Werkzeugeinrichter in einem Metallbetrieb. Mit dreißig Jahren erfüllte er sich seinen größten Wunsch und nahm im Dom zu Paderborn Orgelunterricht. Im August 1972 übernahm Josef Fleckner die Küster-Organisten-Stelle in der katholischen Heilig-Kreuz-Pfarrei in Altenbeken. Seit September 1995 wegen Krankheit Frührentner.

Iris Floren, geboren 1932 in Berlin, Hausfrau und Mutter von zwei Kindern. 1954 folgte sie ihrem Mann nach Montreal, der größten Stadt in Kanada, wo die Familie bis 1963 lebte. Iris Floren interessiert sich für Bücher, Musik, Heimatgeschichte und singt im Kirchenchor. Ein Beitrag von ihr wurde in dem Buch „Wie's früher Heiligabend war" abgedruckt. Iris Floren wohnt in Altenbeken.

Franz Fromme, Ortsheimatpfleger in Lüchtringen, Stadtoberamtsrat i. R., ist Verfasser der Heimatbücher „Lüchtringen, Grenzdorf zwischen Weser und Solling"; „Alt Lüchtringen und seine Meyerhöfe", „Halderkeoken" (alte Kochrezepte); „Heimatblätter".

Hildegard Giefers wurde in Paderborn geboren und wohnt auch dort. Besuch des Pelizaeus-Gymnasiums in Paderborn, Abitur. Verheiratet, vier Kinder. Nach der Familienphase hat sie weitere sinnvolle Tätigkeiten uneingeschränkt im Ehrenamt gefunden auf kirchlichem und gesellschaftlichem Gebiet.

Anneliese Grewe wurde am 19. August 1935 in Rinteln an der Weser geboren, kam mit 21 Jahren nach Warburg, wo sie viele Jahre bis auf wenige Unterbrechungen bis 1994 als Lehrerin tätig war. Sie engagierte sich für den Volkstanz, wandert und reist gern.

Heidrun Grosse-Holling, geb. Pudsis, am 30. August 1947 in Paderborn geboren, besuchte von 1959-1965 die Realschule St. Michael, die Frauenfachschule in Paderborn, die höhere Frauenfachschule Mallinckrodthof in Borchen und graduierte als Ökötrophologin. Ihre Ausbildung erfolgte als Elektrofachberatin bei der PESAG. Weitere Stationen waren: Fachberaterin bei Miele in Essen, Energieberaterin für Gas und Elektro bei den Stadtwerken Gütersloh und bis

1983 als Dozentin bei der Familienbildungsstätte in Paderborn. Frau Große-Holling ist verheiratet, hat einen Sohn und wohnt in Paderborn-Elsen. Seit 1998 schreibt sie Geschichten und Gedichte. Zur Zeit arbeitet sie an einem Roman.

EDUARD HARTEN (1877 - 1965) ist vielen älteren Bewohnern von Lüchtringen (Weser) noch in Erinnerung. Er war Rektor in Recklinghausen, wo er auch verstarb. Zu seinen Werken gehören zahlreiche Beiträge in Lüchtringer Platt. Außerdem widmete er mehrere Gedichte geschichtlichen Ereignissen oder Sagen der Umgebung („Der weiße Hirsch von Corvey", „Vitustag in Corvey"). Seine Arbeiten wurden meist in heimischen Zeitungen abgedruckt.

HERMANN HARTMANN, Warburg, geboren am 30. April 1937 in Haarbrück/Stadt Beverungen, Abitur: Gymnasium Marianum/Warburg, Studium: Germanistik/Geographie in Marburg und Münster, Realschullehrer in Bad Oeynhausen und Borgentreich, in Borgentreich von April 1966 bis Juli 2000. Veröffentlichung: „Dorfmosaik Haarbrück", Herbst 1999.

PFARRER FERDINAND HEITEMEYER (1828-1892) wirkte in Beverungen als Seelsorger und Dichter. Gebürtig aus Paderborn, wurde er nach Studien in Paderborn und Münster 1853 zum Priester geweiht. In der Zeit seines seelsorglichen Dienstes – ab 1887 in Beverungen – entfaltete er auch eine umfangreiche literarische Tätigkeit. So ist er als „frommsinniger Lyriker" bekannt geworden. Die Literaturlexika der damaligen Zeit erwähnen auch seinen Namen. 1874 erschien bei Schöningh in Paderborn eine erste Sammlung „Gedichte". Weitere Titel lauteten: „Harfe der Liebe zum allerheiligsten Altarsakrament (Paderborn, 1880), „Deutsche Sagen" (Paderborn, 1885), „Clodoeld" (ein Drama, 1888), „Die Heiligen Deutschlands", (Paderborn, 1888), „Abendglocken" (Paderborn, 1889) und „Sagen und Legenden aus fernen Landen" (Paderborn, 1892). Im früheren Diözesan-Gesangbuch „Sursum Corda" sowie im „Gotteslob" ist Ferdinand Heitemeyer mit Kirchenliedern vertreten.

LUISE HENSEL (1798 — 1876) wird in der Regel als eine fromme, zum Katholizismus konvertierte Dichterin geschildert, die ihr tiefreligiöses Empfinden in zahlreiche Lieder von oft kindlicher Hingabe an Gott übersetzte. Ihr bekanntestes Gedicht „Müde bin ich, geh zur Ruh" ist auch heute nicht vergessen. Dass ihr Lebensbild und damit auch ihre Dichtung vielschichtiger ist, wurde erst jüngst abermals erforscht und ausführlich dokumentiert. Luise Hensel fand ihr Grab auf dem Ostfriedhof in Paderborn.

MARIE LUISE JONAS wurde am 21. Juni 1941 in der Nacht, als der Rußlandfeldzug begann, in Wünnenberg, einem Ort an der Grenze zwischen Sauerland und Paderborner Land, geboren. Dort wohnhaft bis auf eine zwischenzeitliche Unterbrechung von zwölf Jahren. Verheiratet, vier erwachsene Kinder. Die Vorfahren väterlicher- und mütterlicherseits lassen sich bis 1725 in Wünnenberg fast lückenlos zurück verfolgen, bis zum großen Brand, bei dem sämtliche Kirchenbücher verbrannten. – Beeinflußt von einer sehr alt gewordenen Großmutter, die oft und gern von alten Zeiten erzählte. Daher großes Interesse an Menschen, Ereignissen, Gepflogenheiten und Bräuchen früherer Zeiten.

SR. M. APOLLINARIS JÖRGENS, Arme Schulschwester v. U. L. Frau, seit 1978 als Archivarin im Mutterhaus der Westfälischen Ordensprovinz auf der Brede in Brakel tätig. Nach entsprechender Ausbildung seit 1985 zuständige Archivarin des Mutterhauses und der Ordensprovinz. Vor ihrem Eintritt in den Orden hat Sr. Apollinaris als Lehrerin an einer öffentlichen Schule gewirkt, im Orden einige Jahre als Lehrerin auf der Brede und über 20 Jahre im Wuppertaler Raum.

Hans-Dieter Kersebaum, geboren 1942 in Lünen/Westf. Nach der Realschulzeit 1960 Lehre als Bankkaufmann. Abschluß 1963, danach Bundeswehrzeit und anschließend Fortbildung in seinem Beruf. Abschluß als Sparkassen-Betriebswirt. 1974 Umzug nach Fürstenberg und neuer Leiter der dortigen Sparkassenfiliale. Weihnachten 1993 Unfall, Folge: seit 1995 Frührentner. Hobbys: Malen und Schreiben. Einige Veröffentlichungen und Beteiligung an Ausstellungen.

Luise Klaholt (1853 – 1923), die unter dem Pseudonym Therese Treu publizierte, stammte aus Bad Driburg. Sie wirkte als Lehrerin in Brakel. Luise Klaholt hat Friedrich Wilhelm Weber noch gekannt und ihm eine längere Arbeit gewidmet. Viele ihrer Gedichte, aus denen eine tiefe Religiosität und eine große Liebe zur Heimat sprechen, wurden in der Wochenbeilage zur Driburger Zeitung „Aus dem Nethegau" veröffentlicht. Das umfangreiche literarische Gesamtwerk wartet noch auf Sichtung und Veröffentlichung.

Antonia Klaholz (79) ist Hausfrau und Mutter von fünf Kindern. Sie malt Aquarelle, zeichnet, verreist gern in die Welt der Antike. Ihre Kurzgeschichten und Gedichte schreibt sie in Platt- oder Hochdeutsch. Mehrere Buchveröffentlichungen. Ihr neuestes Hobby: Socken stricken für zehn Enkel und sechs Urenkel. Wohnort: Steinheim-Vinsebeck.

Uta Koppel, geb. in Schlesien, Studium der Literaturwissenschaft und Philosophie in Mainz; Ausbildung zur Schauspielerin mit Bühnenreifeprüfung. Einige Jahre neben ihrer Familie (3 Kinder) in Paderborn als Lehrerin tätig gewesen. VHS-Literatur-Dozentin; jetzt freischaffend als Buchautorin und als Malerin (eigene Kunstausstellungen), hält Vorträge und Seminare.

Josef Köhne ist 1. Vorsitzender des Heimatvereins Entrup aktiv e.V., 33039 Nieheim-Entrup.

Msgr. Dr. Wilhelm Kuhne war nach Vikarsjahren in Brilon und Heringhausen von 1962 - 1992 Rektor der Kath. Landvolkshochschule „Anton Heinen" in Hardehausen. Derzeit Seelsorger an St. Lambertus in Winterberg-Grönebach und Lehrbeauftragter an der Theologischen Fakultät Paderborn.

Hans-Werner Kulinna, 50 Jahre, Konrektor der Katholischen Grundschule Overberg, Paderborn.

Horst-D. Krus wurde am 23. Dezember 1949 in der sog. Alten Rentei der nördlich von Brakel gelegenen Abbenburg, wo Annette von Droste-Hülshoff oft bei Ihren Verwandten weilte, geboren. Er besuchte die Volksschule in Bökendorf, das Gymnasium in Brakel, ging nach dem Abitur zum Bundesgrenzschutz, tat 16 Monate Dienst an der Deutschen Botschaft in Dublin, wo er mit der Kultur des irischen Volkes vertraut wurde. Anschließend nahm er das Studium der Geographie und Anglistik an der Universität Göttingen auf, studierte Geologie, Mineralogie, Botanik, Forstwissenschaft sowie Ur- und Frühgeschichte. Horst-D. Krus ist heute Kreisarchivar im Kreis Höxter mit Wohnsitz in Bellersen. An der Entstehung vieler Stadtchroniken hat er wesentlich Anteil. Bekannt wurde er vor allem durch seine Erforschung der geschichtlichen Hintergründe der „Judenbuche" von Annette von Droste-Hülshoff. Krus ist Heimatsgebietsleiter.

Josef Johannes Link wurde 1913 in Lippstadt geboren und wuchs in seiner Heimatstadt auf. Nach Abitur und Studium war er zunächst freier Schriftsteller, wurde Soldat und ab 1948 Mitarbeiter des Prälaten Johannes Hatzfeld in der Redaktion der Paderborner Kirchenzeitung

DER DOM, deren Chefredakteur er 1955 bis 1978 war. Josef Johannes Link trat als Autor von Gedichten, Erzählungen und Theaterstücken hervor, von denen das bekannte St.-Martins-Spiel noch heute jährlich aufgeführt wird. Er starb 1988 in Paderborn.

SR. M. LEONIE MEYENBERG wurde 1922 in Paderborn geboren und ist „zwischen Rathaus und Jesuitenkirche" – aufgewachsen. Sie besuchte die St.- Michaelsschule, trat 1948 in das St.-Michaels-Kloster ein und hat nach Beendigung ihres Philologiestudiums lange Jahre am dortigen Gymnasium gewirkt. Nun lebt sie in einem etwas bewegten „Unruhestand". „Ich habe immer relativ gute Verbindungen zu Juden gehabt", schreibt Schwester Leonie, „Kunden aus der Drogerie meines Vaters, Mitschülerinnen und Altschülerinnen. Diese haben nach Kriegsende gern die Verbindung mit ihrer alten Schule wieder aufgenommen. Ich habe manches von diesen Erlebnissen und Erfahrungen veröffentlicht, z.T. in der ‚Brücke', z.T. in unserem Altschülerinnen- Rundbrief ‚Die Paderquellen'."

BERNHARD MICHELS über sich: Ich bin 39 Jahre, glücklich verheiratet, habe vier Kinder, wohne in Borgentreich-Großenender, bin von Beruf Krankenpfleger. Bin Fachbuchautor für Natur- und Wetterbeobachtung, habe ein Buch geschrieben mit dem Titel „Der immerwährende ganzheitliche Natur- und Wetterkalender", BLV Verlag; 1. Vorsitzender eines Naturkundlichen Vereins.

HEINZ MÖNKEMEYER, geboren 1928 in Stahle, wohnhaft in Höxter-Stahle, zehntes Kind einer Maurerfamilie, ehemaliger Behördenbediensteter, früher Standesbeamter, Kommunalpolitiker von 1956 bis 1984, letzter Stahler Bürgermeister, seit Jahrzehnten Ortsheimatpfleger. Autodidakt, schrieb Kurzgeschichten, heimatkundliche Beiträge u. a. mehr, veröffentlichte fast tausend Gedichte (darunter Balladen und plattdeutsche Verse), rund 650 in sieben eigenen Büchern. Ehrenmitglied der Hoffmann-von-Fallersleben-Gesellschaft und des BdV-Kreisverbandes Holzminden. Inhaber der Ernst-Moritz-Arndt-Plakette für „Verdienste um Heimat und Recht".

SR. BARTHOLOMAEA (MATHILDE) MULTHAUPT, am 28. April 1897 in Herstelle (Weser) geboren, trat schon in jungen Jahren in das Benediktinerinnenkloster ihres Heimatortes ein. Ihr dichterisches Talent kam in vielen poetischen Beiträgen zum Ausdruck. Ihre Gedichte und Märchen erfreuten nicht nur viele Bewohner des Weserdorfes. Zu manchen kirchlichen Anlässen wie Glocken- oder Orgelweihen oder zu Dorfjubiläen in der Umgebung schrieb sie zahlreiche Beiträge. Schwester Bartholomäea starb am 27. Oktober 1974.

ANGELIKA PORSCH wurde am 12. Januar 1944 in Höxter-Fürstenau geboren und ist seit 1964 verheiratet. Sie beschäftigt sich – wenn es ihre Zeit erlaubt – gern mit Seidenmalerei und liest viel. Veröffentlichungen in der heimischen Presse.

DOMINIK POTTHAST wurde am 19. Oktober 1979 in Höxter geboren. Das im Corveyer Land liegende Albaxen ist seine Heimat geworden. Nachdem er die katholische Grundschule Albaxen besucht hatte, ging er auf das städtische König-Wilhelm-Gymnasium Höxter. Nach dem Abitur verbrachte er zehn Monate in Höxter bei der Bundeswehr. Im ABC-Abwehrbataillon 7 wurde er im Stab in der Logistik eingesetzt. Im Oktober begann Dominik Potthast sein Studium katholische Theologie (Diplom) in Bochum.

ROSEMARIE REIMANN wurde 1934 in Schwarzwaldau/Schlesien geboren. Ihr erlernter Beruf ist staatlich geprüfte Hauswirtschaftsgehilfin der ländlichen Hauswirtschaft. Sie wohnt in Büren-Wewelsburg und schreibt u. a. Kurzgeschichten.

Paola Reinhardt, geb. 1935, Bad Lippspringe, Autorin zahlreicher Erzählungen, Kurzgeschichten und Manuskripte für den Kinderfunk.

Anton Riesel erblickte am 9. Juni 1917 in Vinsebeck, Kreis Höxter, das Licht der Welt. Er erlebte eine frohe, aber auch arbeitsreiche Jugend. Seine ersten Gedichte entstanden im Krieg für die Feldzeitung. Nun im Alter findet er mehr Muße, inspiriert von der Natur und allem Schönen, Gedichte zu schreiben. Seine Werke sind in Tages- und Wochenzeitungen sowie in Anthologien zu finden. Das Gedicht „Schlagt Brücken", das in der Sendung „Melodien für Millionen" vorgetragen und auch vertont wurde, machte den Autor über die Grenzen seiner Heimat hinaus bekannt.

Anton Robrecht, am 11. August 1940 geboren, ist Ortsheimatpfleger in Willebadessen-Fölsen. Der gelernte Zimmermann pflegt neben seiner beruflichen Tätigkeit die Hobbies als Gärtner und Schnitzer. Für seine Heimat engagiert er sich als Autor geschichtlicher Beiträge.

Heinrich Schauerte, Prälat, Dr. theol., wurde am 17. November 1882 in Nordenau im Sauerland geboren. Nach seiner Priesterweihe 1907 wirkte er als Religionslehrer in Olpe, Dortmund, Rietberg und Warburg. Nach seinem philologischen Staatsexamen und der theologischen Promotion studierte er zusätzlich deutsche Volkskunde. Der a. o. Professor für religiöse Volkskunde an der Phil.-Theol. Akademie, Lehrbeauftragter an der Päd. Hochschule in Paderborn und Uni Münster, trat durch ein reiches literarisches Werk an die Öffentlichkeit. Prof. Schauerte starb am 6. August 1975 in Fredeburg als damals ältester Priester des Erzbistums.

Fritz Schäfer, geboren am 17. Juli 1922 in Lünen, Abitur am Gymnasium Theodorianum in Paderborn, Kriegsteilnehmer. Studium der Germanistik und Kunstwissenschaft in Marburg/L., Studium der Pädagogik an der Pädagogischen Akademie Paderborn, Volksschullehrer in Düsseldorf. Nach der Pensionierung Rückkehr nach Paderborn. Zahlreiche Veröffentlichungen. Mitarbeit u. a. an der Seniorenzeitschrift „Die Brücke".

Dr. Albin Schmiemann wurde am 5. April 1896 in Paderborn geboren, machte 1914 sein Abitur am Theodorianum, studierte Geschichte und Volkswirtschaft in Münster, Greifswald und Bonn und wirkte nach mehrjähriger Banktätigkeit in Süddeutschland von 1933 bis 1963 als geschäftsführender Direktor im Verband kath. Kirchengemeinden der Stadt Paderborn. Albin Schmiemann war Offizier in beiden Weltkriegen. Als Luftschutzbeauftragter konnte er während des Krieges wertvolle Kulturgüter in Dom und Marktkirche vor der Vernichtung retten. Er war 20 Jahre Leiter der Fachstelle Schrifttum für das Paderborner und Corveyer Land im Westfälischen Heimatbund, gab die Anthologien „Die Heimkehr" und „Lyrik zwischen Ems und Weser" heraus und verfasste die Bücher „Der singende Brunnen" und „Die Straße nach Keridy", beide 1964. Albin Schmiernann starb am 25. März 1989.

Margarete Schrader, geb. am 7. April 1915 in Paderborn, Buchveröffentlichungen im Bonifatius-Verlag, Paderborn; Matthias Grünewald Verlag, Mainz; Echter Verlag, Würzburg. Mitarbeit an vielen Zeitschriften, u.a. „Christ in der Gegenwart", „Frankfurter Hefte", „Der Dom", „Westfalenspiegel".

Henner Schmude, Jahrgang 1925, Volksschullehrer von 1952 bis 1987, wohnt in Delbrück-Ostenland.

Paula Schumacher, geb. Wapelhorst, wohnhaft in Paderborn-Elsen, wurde am 14. September 1919 in Ostinghausen geboren, besuchte die Volksschulen Ostinghausen und Körbeke a. d. Möhne sowie die Berufsschule Beckum. Die gelernte Schneiderin heiratete 1942 den Bauunternehmer Bernhard Schuhmacher und gebar sechs Kinder. Nebenbei war sie 20 Jahre im Musikverein Paderborn, bis ihr 1990 ein Schlaganfall die Singstimme nahm.

Josef F. Spiegel, zehn Jahre Volksschullehrer, danach Pädagogischer Mitarbeiter am Seminar für Kath. Theologie und Didaktik der Glaubenslehre der Johann-Wolfgang-Goethe-Universität Frankfurt a. M. Zuletzt Prof. für Religionspädagogik der Kath. Fachhochschule NW, Abteilung Paderborn, lebt im Ruhestand in Paderborn.

Anne Steinwart, geb. 1945, wohnt in Steinheim. Die gelernte Rechtsanwalts- und Notariatsgehilfin veröffentlichte 1984 ihr erstes Buch – eine Sammlung von Gedichten. 1987 erschienen ihre ersten Geschichten für Kinder. Inzwischen sind zahlreiche Kinderbücher erschienen, einige davon auch in europäischen Nachbarländern.

Erika Stolte, geb. Janssen, geboren am 19. Juni 1933 in Paderborn, Forsthaus Haxtergrund, als Tochter des Oberförsters Hinrich Janssen. Schulen: Volksschule Büren, Liebfrauen-Gymnasium Büren, Handelsschule, Abschluss als Kaufm. Angestellte. Berufsausübung: Kaufm. Angestellte in Büren.

Hermann Stolte, geboren am 6. April 1933 in Wewelsburg. Schulen: Volksschule Wewelsburg, Fachhochschule Holzminden, Dipl. Ing. Hochbau, Berufsausübung: Techn. Beamter, Amt Schloss Neuhaus / Stadtplanungsamt Paderborn, seit 1994 im Ruhestand. Verheiratet seit März 1959, drei erwachsene Kinder, sieben Enkelkinder, Globetrotter mit Wohnmobil, wohnt in Paderborn.

Christof Störmer wurde am 9. März 1964 in Warburg geboren. Aufgewachsen ist er in dem kleinen Ort Dössel bei Warburg, in dem er heute noch lebt. Er übt den Beruf des Kaufmanns aus und hat ansonsten noch vielseitige Hobbys: Musik machen, Fotografieren, Sport… Seit Anfang 2000 schreibt er auch die Chronik der Gemeinde Dössel.

Walter Strümper, 73 Jahre alt, Beamter i.R., Dipl. Verww., Autor zahlreicher Publikationen, Mitarbeiter der „Warte", wohnt in Warburg.

Hildegard Terstesse, geb. Hommens, kam 1941 in Essen zur Welt, lebt seit 1954 in Paderborn. Nach dem Studium der Pädagogik Lehrerin an verschiedenen Schulen, Fachleiterin für Deutsch, Konrektorin. Wegen ihrer Kinder Reduzierung der Stundenzahl, danach zwanzig Jahre an der Grundschule Elisabeth bis zur Beurlaubung 1997. Seitdem findet sie Muße, ihre Eindrücke aus dem alltäglichen Leben in Prosatexten und Gedichten niederzuschreiben und dabei nach deren tieferem Sinn zu fragen. Veröffentlichungen in „Der Dom" und „Die Brücke".

Klaus Terstesse, geboren am 8. April 1935 in Düsseldorf, wuchs im westmünsterländischen Borken auf. Nach Studium in Münster und Paderborn erhielt er 1961 in Marl seine erste Lehrerstelle. 1967 kehrte er endgültig heim ins Land der Väter (der Urgroßvater war Kreisarzt in Büren). Bei der redaktionellen Arbeit an der „Brücke", der „Paderborner Zeitung von Älteren für Ältere", entdeckte er wieder die eigene Lust am Schreiben: Den Gedichten der Jugend und den Zeitungsberichten in den siebziger Jahren folgten – vor allem nach der Zurruhesetzung als Grundschulrektor – mancherlei besinnliche Texte sowie heimatgeschichtliche und naturkundliche Darstellungen, die in Zeitschriften und Anthologien Aufnahme fanden.

GERTA THIER wurde am 22. November 1941 in Brakel (Kreis Höxter) geboren. Seit 1979 hat sie fünf Bücher mit folgenden Titeln herausgebracht: „Nach zu viel Streß sollten wir in der Natur verweilen" (1982), „Der Lebensbaum" (1986), „Heggedorf-Geschichten" (1988), „Sinnfragen" (1992) und „Nicht nur Schmunzelgeschichten" (1996). – Für diese Bücher wurde sie anläßlich internationaler Wettbewerbe von der „Académie Internationale de Lutèce in Paris" mehrfach ausgezeichnet. Außerdem gewann sie bei einer Zeitung am Ort einen Spruch-Wettbewerb.

RESI VAHLE, geb. Deppe, stammt aus Verne-Enkhausen. Sie wurde 1937 in Salzkotten geboren, ist verheiratet, hat drei Söhne, drei Schwiegertöchter und fünf Enkelkinder. Sie wohnt in Paderborn-Wewer und ist von Beruf Hausfrau. Ihe Erinnerungen fanden Platz in mehreren Anthologien.

MARIANNE ZIEGER stammt aus einer Kaufmannsfamilie und war viele Jahre Lehrerin u. a. in Bökendorf, Kreis Höxter, wo sie an der Entwicklung der dortigen Freilichtbühne erheblichen Anteil hatte. Das Verseschmieden ist zu ihrem Steckenpferd geworden. Sie schreibt über viele kleine Dinge des Alltags, über Begegnungen und Begebenheiten in ernstem und heiterem Stil. Ihr Buch „Mit rotem Hemd und grünem Schlips" erschien im MuNe Verlag, Paderborn. Marianne Zieger lebt in Brakel.

Zur Redaktion: HERMANN MULTHAUPT, geboren am 7. April 1937 in Beverungen, wuchs in Herstelle und Rheda auf. Als Journalist arbeitete er in Karlsruhe, Offenburg, Mannheim, Ingolstadt und Baden-Baden. Er war langjähriger Chefredakteur der Kirchenzeitung DER DOM, Paderborn, und ist Autor von etwa 60 Büchern. Seine Arbeiten sind in zahlreichen Zeitschriften und Anthologien vertreten. Hermann Multhaupt lebt in Paderborn und Herstelle.